ANIMITTO

VIVRE LA BIENVEILLANCE ET L'AMOUR

Méditations et paroles du Bouddha

Collection
Les Deux Océans

Almora
ÉDITIONS

Puisse cet ouvrage bénéficier
à tous ses lecteurs et au monde.
Puisse-t-il contribuer au bonheur.

SOMMAIRE

INTRODUCTION

> « All you need is Love
> Love, love, love
> Love, love, love
> Love, love, love…
> Love is all you need. »[1]
>
> The Beatles.

Découvrir l'amour en nous

L'être humain est un animal social qui recherche de l'amour partout, sous toutes ses formes : de l'écoute, de la reconnaissance, de l'approbation, de la popularité dans ce qu'il aime[2], de l'appréciation, de l'affection, un statut social ou tout du moins un certain respect de ce que l'on fait… L'impression d'être privé d'amour est un stimulus stressant qui peut contribuer à nous rendre tristes ou en colère. Notre humanité souffre souvent de solitude.

---

1. « Vous n'avez besoin que d'amour. L'amour, l'amour… est tout ce dont vous avez besoin ».
2. Les réseaux sociaux utilisent d'ailleurs beaucoup ce type de conditionnement à travers les boutons « J'aime ».

Le sentiment d'être inclus, aimé, ou au contraire rejeté, influence considérablement nos comportements. Une grande partie des pensées et émotions humaines sont aussi occupées aux relations sociales et à nos perceptions de la façon dont les autres nous voient. Les émotions comme l'amour, la joie, la peur, la colère, la tristesse, le dégoût sont souvent liées aux autres, à la société, au monde. Ces manifestations cognitives, émotionnelles, motivationnelles et comportementales montrent à quel point l'amour est une émotion centrale de notre psychologie humaine.

La recherche avide d'amour peut toutefois nourrir un sentiment de soi limité, un « moi », forcément en manque, qui s'implique dans une recherche narcissique fragile et jamais assouvie dans les relations. Cela peut amener de la compulsivité dans nos comportements liés à ce besoin fondamental de l'être humain. Cela nous rend fragiles, en colère ou déprimés, lorsque nous perdons cet amour. C'est un type d'amour qui peut être aussi teinté d'égoïsme ou d'égocentrisme.

Force est de constater qu'il y a plusieurs façons d'aimer. L'amour bouddhiste présenté dans ce livre s'appelle « metta »[1]. Le mot « Metta », dans la langue ancienne du Pâli, désigne une bienveillance inconditionnelle et universelle. Ce mot est parfois traduit par amour bienveillant, amour universel, gentillesse ou bonté aimante (« *loving-kindness* » en anglais). Le mot amour en français comporte toutefois plusieurs sens. Metta n'est pas un amour romantique accompagné de désir. Ce n'est pas non plus uniquement un amour pour nos proches et

1. Maitrī en sanskrit.

ceux qui nous sont chers, que l'on peut appeler « affection ». La langue pāli a un autre mot pour cet amour : « *pema* », tandis que metta est lié au mot « *mitta* », ou ami. L'affection conduit facilement à la haine lorsque les personnes que vous aimez sont maltraitées par d'autres, ou à la tristesse lorsque vous êtes séparé d'un être aimé. Metta est une bienveillance sans attachement et sans attentes, qui n'est pas conditionnée par la réciprocité. Cet amour ne peut être gâché. En ce sens, c'est un sentiment parfait de bienveillance. Il n'est pas réservé à des personnes ou des êtres en particulier : c'est un amour pour tous les êtres vivants, y compris nous-mêmes. Il est totalement universel. Bien que le mot amour peut être utilisé pour traduire Metta, nous utiliserons plus souvent dans ce livre celui de bienveillance. En effet, le mot amour est polysémique et pourrait signifier un sentiment beaucoup plus intense de bienveillance, susceptible de forger un idéal inaccessible et décourageant sa mise en pratique. Mais n'hésitez pas à le remplacer par « amour » si cela conduit à un état plus agréable, plus intense ou plus nourrissant pour vous.

Lorsque nous ressentons cet amour ou la tendresse, le corps se relâche, l'esprit se détend. Nous ne sommes plus sur nos gardes, mais nous sommes au contraire ouverts au moment présent pour le savourer ou l'accueillir tel qu'il est. L'amour est une émotion agréable, positive qui nourrit d'autres émotions positives liées au sentiment de proximité avec d'autres êtres. Cela peut être des émotions de joie, d'amusement, de curiosité, d'intimité. Tout le monde sait intuitivement que l'amour est agréable et bénéfique et c'est aussi pour cela que nous le recherchons.

Pourtant, les changements sociétaux actuels semblent créer plus de violence, de méfiance et d'isolement. Les progrès des technologies de l'information, comme internet, étaient vus au départ principalement comme une façon pour l'humanité d'être plus connectée et de partager en temps réel toute l'information. Or, l'information reste partielle et partiale, superficielle et extrêmement baisée en fonction des médias et de notre groupe d'appartenance. Cela alimente nos propres biais cognitifs[1] et affaiblit notre compréhension d'autres perspectives. Le progrès moral de l'humanité ne semble pas suivre le progrès technologique.

Supposons qu'il existe des méthodes qui pourraient contribuer au progrès moral de notre humanité. Supposons que ces méthodes naturelles et gratuites peuvent produire des états d'amour volontairement. Supposons qu'il suffit de prendre un peu de temps, pour produire des effets bénéfiques pour notre santé mentale et physique, comme être progressivement plus heureux et bienveillant, moins en colère, avec un meilleur sommeil. Supposons enfin que cette bienveillance se traduise en paroles et en actes et que les gens deviennent plus amicaux avec vous. Seriez-vous prêt à les essayer?

Ces méthodes existent depuis 2500 ans environ. Elles ont été transcrites dans des textes anciens comme le Metta

1. Un article de recherche en psychologie synthétise ces biais en six croyances fondamentales qui influencent notre vision du monde: 1. Mon expérience est une référence raisonnable. 2. Je fais des évaluations correctes du monde. 3. Je suis bon. 4. Mon groupe est une référence raisonnable. 5. Mon groupe est bon. 6. Les caractéristiques des personnes (et non le contexte) façonnent les résultats. Oeberst, A., & Imhoff, R. (2023). Toward Parsimony in Bias Research: A Proposed Common Framework of Belief-Consistent Information Processing for a Set of Biases. Perspectives on Psychological Science.

Sutta, le joyau central du bouddhisme, traduit en français dans ce livre. Elles permettent de susciter, savourer et entretenir un état émotionnel plaisant d'amour en nous. C'est non seulement bon pour notre santé mentale et émotionnelle, mais cela se répercute aussi dans nos relations sociales par plus de respect et de bienveillance. Ce trésor de l'humanité est une clé essentielle pour transformer notre manière de vivre vers plus de bienveillance et d'amour.

Les sources anciennes de méthodes de méditation de l'amour-bienveillant

Le Metta Sutta est un « **sutta** » (prononcé « souta »), c'est-à-dire un texte transcrivant un enseignement donné par le Bouddha Gotama Sakyamuni, le fondateur du bouddhisme, né en 564 av. J.-C. En sanskrit, langue ancienne littéraire de l'Inde, le terme est « sūtra », francisé en « soutra ». Nous garderons ici le terme sutta pour préciser qu'il s'agit d'un texte pali et non sanskrit. Les suttas sont des textes sacrés faisant partie des écritures bouddhistes les plus anciennes conservées dans la langue palie (ou pāḷi). Les suttas sont une source essentielle d'inspiration. Ils sont souvent étudiés et récités pour les mémoriser et les mettre en pratique. Ils contiennent des enseignements sur la façon de mener une vie éthique, de méditer, de développer la sagesse pour se libérer de la souffrance et s'établir dans le bonheur.

Le **Canon pali** regroupe tous les textes pāḷi et est considéré dans le bouddhisme Theravada comme la source la plus ancienne et authentique des enseignements directs du Bouddha, l'équivalent de la bible pour les bouddhistes. Les suttas sont tous regroupés dans le très volumineux Canon pali, et plus spécifiquement dans le Sutta Pitaka (la corbeille de suttas) qui comprend cinq sections de discours du Bouddha :

1. Le Digha Nikaya (ou DN), les longs discours, comportant 34 suttas ;
2. Le Majjhima Nikaya (ou MN), les discours de longueur moyenne comportant 152 suttas ;
3. Le Samyutta Nikaya (ou SN), les discours groupés par thèmes (7 762 suttas) ;
4. L'Anguttara Nikaya (ou AN), les discours numériques (9 557 suttas) ;
5. Le Khuddaka Nikāya (ou KN), composé de quinze volumes comme le Dhammapada (Dhp), le Sutta Nipata (Sn) et l'Udana (Ud.), Itivuttaka (It./Itv.) parmi les plus connus.

Au sein du Canon pali, le Metta Sutta apparaît dans cette dernière section, Khuddaka Nikāya (KN), et plus précisément dans le Sutta Nipāta (Sn 1.8), repris dans le Khuddakapāṭha (Khp 9), sorte de mémo de suttas à réciter pour les moines novices. Un commentaire très ancien en pali existe à son sujet et nous l'avons notamment consulté pour ce livre[1].

1. Minor Readings (Khuddakapatha) and Illustrator. Traduit du pali par Bhikkhu Ñāṇamoli. Pali Text Society, Luzac and Co., Ltd., London, 1960. Il comprend : 1. Saranagamana – Les refuges ; 2. Dasa Sikkhapada – Les dix règles d'entraînement ; 3. Dvattimsakara – Les 32 parties ; 4. Samanera Pañha – Les questions du novice ; 5. Mangala Sutta – Les Bénédictions ; 6. Ratana Sutta – Les Trésors ; 7. Tirokudda Kanda – Des ombres affamées hors des murs ; 8. Nidhi Kanda – Le fonds de réserve ; 9. Karaniya Metta Sutta – La Bienveillance ;

Il existe en fait plusieurs suttas du même nom mais moins connus. Pour cette raison, celui qui est traduit ici est parfois distingué des autres en étant appelé le « *Karaniya metta sutta* », car il commence par le mot « karaniyam ». Nous l'appellerons « Karaniya metta sutta » ou juste « Metta Sutta » pour simplifier.

Le Metta Sutta fait partie des textes bouddhistes les plus célèbres. Il a même été mis en musique par la chanteuse et musicienne Imee Ooi et se trouve facilement sur internet. Dans les pays bouddhistes, ce texte sacré fait partie des chants de protection récités par les moines lors de cérémonies religieuses ou lors de dons aux moines pour diffuser de la bienveillance à tous les êtres et leur souhaiter le meilleur dans leur vie. C'est le cas lors des rassemblements des moines et de laïcs[1] tous les huit jours, connus sous le nom de « *uposatha* ». Selon le Commentaire pali, il est traditionnellement utilisé de trois façons : comme chant de protection spirituelle contre l'inimitié, comme outil de développement d'un esprit plus bienveillant au quotidien et comme base pour développer des états d'immersion dans un calme très profond facilitant une conscience claire et dégagée des pensées. Le Bouddha conseille de méditer constamment sur la bienveillance, au moins deux fois par jour, le matin et le soir. Cela permet en effet de bien commencer la journée et de bien dormir.

1. Le terme « laïc » dans le bouddhisme désigne les personnes qui ne sont pas dans la communauté monastique.

Les bienfaits de la pratique

Les textes sur Metta enseignent des principes universels de bienveillance envers tous les êtres vivants, sans distinction. Tout le monde peut bénéficier du développement de la bienveillance.

Selon les études scientifiques, le développement de Metta à travers les méditations présentées dans ce livre augmente le ressenti d'autres émotions positives[1], ainsi que le sentiment de connexion sociale[2]. Cela a un impact calmant sur le corps et l'esprit, y compris le cœur physique[3]. Cela crée un lien plus vaste avec la vie.

Le développement spécifique de cette bienveillance envers soi-même et envers les autres est utilisé dans le bouddhisme pour trois raisons :

---

1. Zeng, X., Chiu, C. P., Wang, R., Oei, T. P., & Leung, F. Y. (2015). The effect of loving-kindness meditation on positive emotions: a meta-analytic review. Frontiers in psychology, 6, 1693.

2. Hutcherson, C. A., Seppala, E. M., & Gross, J. J. (2008). Loving-kindness meditation increases social connectedness. Emotion, 8(5), 720. Dans cette étude, les auteurs ont utilisé un bref exercice de méditation sur la bienveillance pour examiner si un lien social pouvait être créé avec des étrangers dans un contexte de laboratoire contrôlé. Par rapport à une tâche de contrôle étroitement adaptée, même quelques minutes de méditation sur la bienveillance ont augmenté les sentiments de lien social et de positivité envers de nouveaux individus, à la fois à des niveaux explicites et implicites (non-conscients). Ces résultats suggèrent que cette technique facile à mettre en œuvre pourrait contribuer à accroître les émotions sociales positives et à diminuer l'isolement social.

3. Wong, GoonFui, et al. "Loving-kindness meditation (LKM) modulates brain-heart connection: An EEG case study." Frontiers in Human Neuroscience 16 (2022): 891377. La fréquence cardiaque diminue. Le cerveau fonctionne à l'électro-encéphalogramme à des fréquences plus basses, theta.

1. Se détacher de la colère, car Metta est l'opposé. Si vous vous sentez pollué par beaucoup de colère de façon intense ou fréquente, ou de façon automatique et incontrôlée, une pratique régulière (cf. partie III du livre) peut vous aider à réduire ces états émotionnels en orientant votre esprit différemment et en vous permettant de ressentir à nouveau de l'empathie, de l'amour ou de la bienveillance. Se reposer dans l'amour peut réduire la douleur et les réactions de tensions ou les émotions désagréables.
2. Construire la stabilité attentionnelle nécessaire pour mieux voir ce qui se passe en nous. Avec Metta, notre esprit se stabilise rapidement.
3. Établir une relation saine avec chaque être, une condition nécessaire pour une famille, une société et un monde heureux.

Un autre Metta Sutta porte sur les bienfaits de la pratique de la bienveillance universelle pour la libération de l'esprit :

> *« Lorsque la libération de l'esprit par la bienveillance est cultivée, développée, pratiquée fréquemment, mise en avant, pleinement maîtrisée, amplement établie, parfaitement comprise, on peut espérer onze bienfaits.*
> *Quels sont ces onze bienfaits ?*
> 1. *On dort heureux.*
> 2. *On se réveille heureux.*
> 3. *On ne fait pas de mauvais rêves.*
> 4. *On devient aimé des humains.*
> 5. *On devient aimé des non-humains.*

6. *Les esprits (ou déités) vous protègent.*
7. *Le feu, le poison et les armes ne vous touchent pas.*
8. *L'esprit atteint la concentration rapidement.*
9. *Le visage s'illumine de sérénité.*
10. *On meurt sans confusion d'esprit.*
11. *Et si on ne parvient pas plus haut, on atteint le monde de Brahma.*

— (AN 11.15)

En somme, la pratique de la bienveillance améliore la qualité de notre sommeil et de notre réveil. C'est un état d'esprit apaisant qui peut aider à calmer l'esprit et à réduire les niveaux d'anxiété. En nous concentrant le soir sur des sentiments positifs tels que la bienveillance envers soi-même et envers les autres, nous pouvons atténuer les pensées négatives et les émotions perturbatrices.

Cette méditation quotidienne améliore nos relations avec tous les êtres en général. Le développement de la bienveillance nous donne un cœur chaleureux et rayonnant qui nous rend plus accessibles aux autres. Cela peut augmenter notre capacité à interagir avec les autres de manière aimante et compatissante et favoriser des relations plus harmonieuses, positives et profondes. Et cela fonctionne souvent en cercle vertueux : plus nous avons de bonnes relations, plus nous sommes ouverts à cette perspective de relations positives.

Au niveau cognitif et émotionnel, le sutta précise que le développement quotidien de la bienveillance procure une concentration plus rapide et un état émotionnel serein et clair. Outre la réduction de l'anxiété, la concentration et le calme sont des ingrédients très importants sur le chemin bouddhiste de compréhension directe des mécanismes psychologiques qui entraînent la souffrance. La méditation peut amener différents niveaux de calme de plus en plus profonds appelés « absorptions » ou « immersions » (*jhana*)[1]. Au niveau émotionnel, la colère peut perdre de son attrait et de sa légitimité, en particulier lorsqu'elle nous ronge. La bienveillance peut préserver notre entourage d'un état mental violent et destructeur, et de la contagion d'états émotionnels négatifs. Elle favorise la patience et la compassion envers les autres et envers nous-mêmes lorsque nous nous jugeons. En ne demeurant pas dans l'aversion et la colère, nous facilitons également le retour très rapide à un esprit ouvert qui accepte et reçoit complètement ce qui est dans le moment présent. Cela facilite la libération de l'esprit (*cetovimutti*), qui est appelée lorsqu'elle intervient grâce à l'amour universel : *mettā-cetovimutti*.

Ce livre rassemble, traduit et commente tous les textes palis utilisés pour les méthodes et les techniques de méditation de l'amour-bienveillant.

Le Karaniya Metta Sutta a été traduit en français depuis le pali dans la partie I et sa traduction mot à mot du pali a été placée en dernière partie, dans la partie IV. La traduction en français dans ce livre a pour objectif de respecter à la fois le texte original en pali et sa compréhension juste

1. Cf. Partie III.5.4, Les absorptions méditatives ou immersions dans le grand calme (jhana).

par le lecteur, et faciliter l'impact méditatif sur l'esprit. La dernière partie de ce livre décortique tout le vocabulaire du Metta Sutta pour vous aider à mémoriser sa version pāli si vous souhaitiez l'utiliser. Les suttas cités ont été consultés en version pāli[1].

Nous avons ensuite commenté chacune de ses phrases pour réfléchir et s'imprégner de son sens dans la partie II.

La partie III est consacrée à la pratique et aux méditations de l'amour-bienveillant en incluant d'autres textes comme le « chant de Metta » (tiré du Patisambhida Magga), les « Quatre demeures divines » et leur diffusion dans quatre directions tirées des suttas, et enfin le Visuddhi Magga, ouvrage de près de 1000 pages dont la partie sur Metta a été synthétisée.

Notre conseil dans la lecture de ce livre serait de prendre votre temps. Il ne s'agit pas tant d'acquérir des connaissances le plus rapidement possible que de s'imprégner de perceptions conduisant à un état émotionnel d'amour, voire un état de sagesse conduisant à la paix. Ce n'est donc pas en lisant plus vite que l'état émotionnel ou cognitif sera plus intense ou durable. Il vaut mieux prendre conscience de l'éventuelle émotion qui apparaît

1. Les versions en pali viennent principalement du site web « SuttaCentral », qui comporte également des traductions en anglais et du cd-rom « Tipitaka texts from the Chaṭṭha Saṅgāyana CD » publié par le Vipassana Research Institute https://tipitaka.org/
En dehors des textes pāli, nous avons également consulté dix-neuf traductions et interprétations anglaises différentes du Metta Sutta rassemblées par Leigh Brasington (http://www.leighb.com/mettasuttas.htm), ainsi que le Commentaire Pāli du Khuddakapāṭha traduit en anglais (Minor Readings (Khuddakapatha) and Illustrator. Translated By Bhikkhu Ñāṇamoli. Pali Text Society, Luzac and Co., Ltd., London, 1960).

et la savourer, rester en elle, s'immerger et la laisser s'étendre, se répandre dans tout votre corps et tout votre esprit, et au-delà.

La simplification de la transcription du pali

Dans tout ce livre, nous avons privilégié une simplification de l'écriture du pali à destination de personnes non expertes et plus intéressées par le sens et la pratique des textes.

Un des inconvénients d'écrire en pali, langue orale à l'origine, est l'utilisation constante de signes diacritiques. À titre d'exemples, la romanisation du Pāli utilise le soulignement (ḍ, ṅ, ṇ, ṭ) sous une consonne pour les consonnes rétroflexes, prononcées avec la pointe de la langue recourbée vers le palais. Le punctum (ḥ) est utilisé pour indiquer un son de laryngale ou un son aspiré. Le tilde (~) est utilisé pour indiquer une nasalisation de la voyelle qui le précède et se lit « nye ». Le « macron » est utilisé pour indiquer une voyelle longue dans le mot « Pāli » lui-même.

Nous ne voulons pas décourager le lecteur peu habitué au pali par toutes ces marques de prononciation, surtout que certains sons sont totalement inconnus en français et que sa lecture peut gêner excessivement la représentation mentale et la mémorisation du mot en question. La plupart de ces signes diacritiques n'existent pas sur le clavier français et nous avons parfois simplifié ces marques de prononciation. Nous avons pris le parti d'une voie médiane entre un respect strict des conventions de romanisation établies par la Pali Text Society[1] et une francisation totale des termes comme soutra pour « sutta » qui porte à confusion en mélangeant les traditions bouddhistes en sanskrit et la « Voie des anciens » (*Theravada*) en pali.

Nous avons donc introduit des termes palis en français de la même façon qu'on introduit des anglicismes en français en francisant inévitablement les termes ou leur prononciation. C'est d'ailleurs souvent le cas dans les langues de pays bouddhistes où la prononciation et l'écriture varient largement entre le Myanmar, la Thaïlande ou le Sri Lanka, par exemple.

Ainsi, nous avons eu tendance à écrire pali au lieu de pāli, suttas au pluriel au lieu de sutta, « textes palis » au lieu de « textes pāli », sachant que le pluriel avec un « s » n'existe pas en pali, de même que les majuscules et les points, ce qui gênerait le lecteur francophone.

---

1. Les conventions de romanisation du Pāli ont été établies par des chercheurs et des linguistes dans le cadre de différents systèmes de romanisation. L'une des normes les plus couramment utilisées dans le monde universitaire est celle établie par la "Pali Text Society" (Société du Texte Pāli), une organisation britannique fondée en 1881 dans le but de préserver et de promouvoir l'étude du Pāli et des textes bouddhistes associés. D'autres systèmes de romanisation ont également été développés, par exemple, l'ISO 15919, normalisé par l'Organisation internationale de normalisation (ISO) pour le Pāli. Contrairement au sanskrit, la transcription en écriture dévanāgarī du pāli est rare et principalement utilisée dans un contexte académique sanskritiste très spécifique. Les systèmes de transcription les plus couramment utilisés pour le pāli incluent des caractères latins avec des diacritiques pour indiquer les marques de prononciation spécifiques du pāli, ou la transcription plus ancienne dans les langues de chaque pays bouddhiste utilisant le pali (myanmar, thaï, cinghalais, khmer, lao).

En revanche, quand il s'agit de citer en pali l'intégralité des textes étudiés pouvant être récités, nous avons complètement respecté les signes diacritiques. Nous avons fourni également un petit guide de prononciation du pali avec toutes les marques diacritiques dans la partie III.4.2 (« La prononciation du pāli ») pour savoir comment réciter plus précisément les textes. Tout au long du texte, nous prions le lecteur expert du pali d'excuser la simplification et les variations autour des marques de prononciation utilisées dans la romanisation du pali, qui restent peu pratiques dans le contexte de l'écriture en français et de la mémorisation du pali par le débutant.

I.

LE TEXTE KARANIYA METTA SUTTA EN FRANÇAIS ET EN PALI[1]

1. La traduction mot à mot se trouve dans la dernière et quatrième partie de ce livre.

1. Voici ce que l'on peut faire quand on sait ce qui est bénéfique,
Et que l'on comprend la voie de la paix :
Être capable, droit et honnête,
Aimable, doux et humble,

2. Contenté et facilement satisfait,
Avec peu d'obligations et une vie légère,
Les sens en paix et prudent,
Sans convoiter les dons des familles,

3. Et sans faire la moindre chose
Que les sages désapprouveraient.
Joyeux et en sécurité,
Que tous les êtres soient heureux !

4. Quels que soient les êtres vivants,
Qu'ils soient faibles ou forts, sans en exclure aucun,
Longs ou grands,
Moyens, petits ou minuscules.

5. Visibles ou invisibles,
Proches ou lointains,
Nés ou à naître,
Que tous les êtres soient heureux !

6. Que nul ne trompe autrui,
Ni ne méprise aucun être, quel qu'il soit.
Que nul, par colère ou aversion,
Ne souhaite de mal à autrui.

Karaṇīyamatthakusalena,
Yanta santaṁ padaṁ abhisamecca;
Sakko ujū ca suhujū ca,
Sūvaco cassa mudu anatimānī.

Santussako ca subharo ca,
Appakicco ca sallahukavutti;
Santindriyo ca nipako ca,
Appagabbho kulesu-ananugiddho.

Na ca khuddamācare kiñci,
Yena viññū pare upavadeyyuṁ;
Sukhino va khemino hontu,
Sabbe sattā bhavantu sukhitattā.

Ye keci pāṇabhūtatthi,
Tasā vā thāvarā vanavasesā;
Dīghā vā ye va mahantā,
Majjhimā rassakā aṇukathūlā.

Diṭṭhā vā ye va adiṭṭhā,
Ye va dūre vasanti avidūre;
Bhūtā va sambhavesī va,
Sabbe sattā bhavantu sukhitattā.

Na paro paraṁ nikubbetha,
Nātimaññetha katthaci naṁ kañci;
Byārosanā paṭighasañña,
Nāññamaññassa dukkhamiccheyya.

7. Tout comme une mère protège de sa vie,
Son enfant, son unique enfant.
De même pour tous les êtres vivants,
Cultivons cet esprit sans limites.

8. Rempli de bienveillance pour le monde entier,
Cultivons cet esprit sans limites,
Vers le haut, vers les bas et tout autour,
Sans entraves, sans haine.

9. Que l'on soit debout, en marchant, assis ou allongé,
Tant que l'on est alerte,
Cela devrait être gardé à l'esprit,
C'est ce que l'on appelle une demeure divine.

10. Sans s'attacher à l'opinion, vertueux,
Avec une vision parfaite,
Maîtrisant l'avidité pour les plaisirs sensuels,
Une telle personne ne devrait jamais renaître dans le cycle de la souffrance.

Mātā yathā niyaṁ puttam
Āyusā ekaputtamanurakkhe;
Evampi sabbabhūtesu,
Mānasaṁ bhāvaye aparimāṇaṁ.

Mettañca sabbalokasmi,
Mānasaṁ bhāvaye aparimāṇaṁ;
Uddhaṁ adho ca tiriyañca,
Asambādhaṁ averamasapattaṁ.

Tiṭṭhaṁ caraṁ nisinno va,
Sayāno yāvatāssa vigatamiddho;
Etaṁ satiṁ adhiṭṭheyya,
Brahmametaṁ vihāramidhamāhu.

Diṭṭhiñca anupaggamma, sīlavā Dassanena sampanno;
Kāmesu vineyya gedhaṁ,
Na hi jātuggabbhaseyya punaretī

II.

COMMENTAIRE SUR LES CONSEILS DU METTA SUTTA

Le Metta sutta est assez court et comprend dix versets. Il commence par des conseils de base pour progresser graduellement vers l'esprit éveillé. Les suttas se présentent souvent de la même façon en commençant par le début d'une pratique éthique (*sila*) pour développer ensuite l'attention et la conscience (*samadhi*) et aboutir à la sagesse (*panna*). Ce sont les Trois Entraînements classiques dans le Theravada. Ainsi, tout le monde, peu importe l'état de son esprit lorsqu'il écoute cet enseignement, peut en retirer quelque chose de bénéfique. C'est la vertu pédagogique d'un enseignement graduel qui s'adresse à tous, quel que soit son point de départ.

Le Bouddha comparait son enseignement aux caractéristiques de l'océan[1]. Nous pouvons reprendre cette métaphore pour illustrer l'aspect graduel de l'enseignement et de sa pratique : s'il est d'abord peu profond au rivage, pour tâter la température et se mouiller, plus nous y progressons, plus nous devenons aussi vastes que l'océan. Il en est de même avec la bienveillance. Ce qui n'apparaît au début que comme quelques pensées d'amour ici ou là devient de plus en plus un trait d'esprit bienveillant, accueillant et ouvert dans lequel les autres pensées apparaissent.

1. Pahārāda sutta (AN 8.19)

Verset 1. Développer ce qui est bénéfique

> Voici ce que l'on peut faire quand on sait ce qui est bénéfique,
> Et que l'on comprend la voie de la paix:
> Être capable, droit et honnête,
> Aimable, doux et humble,

Que faire?

Lorsque l'on rencontre de l'adversité, de la colère et de la haine envers nous, il n'est pas facile de rester serein, empathique et bienveillant. Pourtant, comme l'indique le Bouddha:

« La haine n'est jamais vaincue par la haine.
Elle l'est par l'absence de haine.
C'est là une loi immuable. »

— (Dhammapada, I, 5)

Alors que faire? Face à l'adversité et à la colère, le Metta Sutta suggère que l'on peut faire quelque chose (*karaniyam*) en se fondant sur ce qui est bénéfique (*kusalena*) et ce qui mène à la paix (*santa*). On trouve d'ailleurs plus loin au verset huit, l'expression «*bhāvaye*» du verbe « *bhāveti* », qui signifie « cultiver », « développer », « pratiquer » ou « méditer ». La méditation ou « bhavana » consiste simplement à développer un état d'esprit, comme la bienveillance ou la pleine conscience. Le Metta Sutta comporte donc une pratique, c'est-à-dire quelque chose à faire pour éviter d'être entraîné dans des réactions automatiques de colère.

Savoir ce qui est bénéfique

Faire quelque chose de bénéfique renvoie inévitablement dans l'enseignement du Bouddha au concept fondamental de « *kamma* » (*karma* en sanskrit) qui veut dire « action », et qui met l'accent sur le fait qu'une action a une conséquence positive (*kusala*) ou négative (*akusala*). C'est tout l'intérêt d'être attentif à ce que l'on fait dans le présent pour s'assurer que les conséquences soient positives pour nous et les autres. C'est ce que l'on appelle communément « faire du bon kamma » (ou *karma* en sanskrit).

Le Canon pali regorge de textes incitant le méditant à reconnaître si son état d'esprit présent est durablement bénéfique (*kusala*) ou néfaste (*akusala*) pour lui-même et les autres, incluant ainsi un aspect éthique, faisant partie d'un cadre conceptuel de développement psychologique plus vaste à la fois émotionnel et éthique. Chaque action ou comportement physique, verbal ou mental (dans le cas d'une pensée volontaire) peut en effet être bénéfique ou néfaste en fonction des conséquences futures de bonheur ou de malheur. La pratique de la pleine conscience est donc là pour veiller à la production de comportements à la fois vertueux et heureux. L'effort du pratiquant consiste à en prendre conscience et à s'abstenir d'actions néfastes en les laissant s'éteindre dans l'espace de la conscience, sans générer d'aversion (*dosa*).

Comprendre la voie de la paix

Nous prenons appui, plus précisément, sur ce qui conduit à la paix (*santam*), que l'on peut appeler le chemin (*padam)* ou la voie de la paix. Il ne s'agit pas que de la paix sociale, mais aussi de la paix mentale et émotionnelle que l'on peut ressentir dans la pratique de la méditation, par exemple, lorsque nous avons peu de pensées et que nous ressentons un calme mental lucide ou un état émotionnel de sérénité et de détente. Différents degrés de paix existent jusqu'à la paix totale, *nibbana*, en pali, ou *nirvana*, en sanskrit. La paix totale est le vrai bonheur, car c'est une absence d'agitation mentale nourrie par une quête, une recherche avide du plaisant ou d'un évitement aversif du déplaisant. Être en paix, c'est aussi être en paix avec nos états émotionnels, physiques et mentaux, même lorsqu'ils sont déplaisants. C'est reconnaître l'aversion (*dosa*) et ne pas y demeurer (*viharati*), reconnaître la non-aversion (*adosa*) et la bienveillance pour y demeurer. Lorsque nous avons déjà rencontré des états de paix peu ordinaires grâce à la méditation, nous avons déjà emprunté un peu cette voie de la paix. C'est une ressource inestimable, car elle nous montre les mécanismes qui mènent à la paix ou au contraire ceux qui mènent à l'agitation et à la souffrance. Notre compréhension est alors une compréhension vécue qui nous habite à certains moments plutôt qu'une compréhension uniquement intellectuelle.

À partir de cette connaissance du bénéfique (*kusalena*) et de la paix, certains comportements peuvent être favorisés. Le texte commence par préciser certains comportements à l'égard des autres qui facilitent la création d'un environnement harmonieux et respectueux entre les individus, qui contribue à la paix intérieure et à des relations positives.

Être capable, droit et honnête

Plus nous sommes familiers des mécanismes qui conduisent à la paix, plus nous connaissons ce chemin de paix. Cela nous rend plus disposés à considérer que c'est possible pour nous. Nous en sommes « capables » comme l'indique le texte. Si nous trouvons cela important et que nous nous sentons capables, nous aurons la motivation pour faire ce qu'il faut pour être en paix. Nous aurons confiance dans ce chemin et la confiance (*saddhā*) est la première des cinq facultés ou pouvoirs spirituels (*indriya* ou *bala*). Cette qualité à cultiver aide à progresser rapidement sur la voie de la paix.

Être « capable » (*sakko*) peut se comprendre aussi de façon plus sociale : développer des compétences, un savoir-faire et des capacités permettent aux individus de contribuer positivement à la société et d'aider les autres. Cette idée de développer des connaissances et des habiletés se retrouve dans un autre sutta célèbre souvent récité par les moines, le Mangala Sutta (Sn 2.4), le discours des bénédictions.

« Être droit et honnête » (*ujū ca suhujū*) : Si nous sommes droits (*ujū*) et honnêtes, nous ne dévions pas de notre vertu et de notre intégrité. Cela nous donne un sentiment positif de cohérence et de paix. Quand nous sommes honnêtes dans nos paroles et nos actions, cela permet aux autres de comprendre nos intentions et de s'y ajuster. Nous évitons ainsi des malentendus et des tensions. La malhonnêteté détruit les relations. À l'inverse, l'honnêteté favorise la sincérité et la confiance dans les interactions, ce qui développe des relations stables et durables.

Le plaisir de la vertu

Dans le bouddhisme, « être droit » ne doit pas devenir du moralisme, c'est-à-dire un attachement strict et formaliste à une morale. L'observation des effets de nos actions donne de la flexibilité aux règles de base pour être efficaces et habiles (*kusala)*. Comme l'indique la première phrase du sutta, c'est l'effet bénéfique qui est recherché et non le suivi strict et aveugle d'une règle édictée par une autorité extérieure.

La vertu (*sila*) est bénéfique et apporte donc du plaisir. C'est le début du chemin vertueux de la paix. Se réjouir de garder un comportement vertueux est une méditation intitulée le Souvenir de notre Vertu, ou *Sila Nussati* en pali. Cette méditation nous encourage à cultiver des comportements vertueux et à en tirer du plaisir. Cela donne un sentiment de satisfaction personnelle, d'intégrité et de vertu. Si nous « comprenons la voie de la paix », le respect de notre vertu préservera notre paix. Nous aurons moins de souvenirs désagréables de nos propres comportements, moins de culpabilité, moins de haine et plus de compassion.

Ne pas faire du mal et faire le bien ainsi que la purification de l'esprit sont la base de l'enseignement des Bouddhas, comme l'indique le verset 183 du Dhammapada :

« S'abstenir de tout ce qui est néfaste,
Cultiver ce qui est bénéfique,
Purifier son esprit,
C'est l'enseignement des bouddhas. »
Dhammapada, 183
En pali :
« Sabbapāpassa akaraṇaṃ,
kusalassa upasampadā
Sacittapariyodapanaṃ,
etaṃ buddhāna sāsanaṃ »

Pour se remémorer les principes de base de vertu, nous pouvons garder à l'esprit les « Cinq entraînements à la vertu » ou « Cinq vertus » (*panca sila),* plus connus sous le nom des « Cinq préceptes ». Le respect de cet entraînement consiste à s'abstenir de :

1. Tuer,
2. Voler,
3. Faire du mal sexuellement,
4. Mentir,
5. Prendre des substances psychoactives toxiques qui perturbent la vigilance et la conscience, comme l'alcool.

En veillant sur ces comportements, nous nous protégeons et protégeons les autres de nos propres actions.

Notre motivation est double : c'est une sécurité que l'on se donne et que l'on donne aux autres.

Même si nous avons fait du mal, mais que nous nous souvenons d'une action de réparation à la suite de notre action, cela nous encourage dans cette pratique vertueuse et nous permet d'apprendre de nos actions pour le reste de notre vie. Si nous avons respecté un de ces préceptes, nous pouvons déjà nous en réjouir. Et si nous arrivons à pratiquer les cinq, c'est encore mieux !

Aimable, doux et humble

L'expression palie « *sūvaco* » signifie « **avec de bonnes paroles** », c'est-à-dire être aimable. Traiter les autres avec gentillesse, respect et compassion crée un environnement où les personnes se sentent valorisées et comprises, ce qui renforce les relations et favorise la bienveillance.

Les bonnes paroles peuvent être comprises à la fois comme des paroles qui ne font pas mal et qui font plutôt du bien. S'abstenir de paroles qui font du mal rejoint la partie éthique de l'enseignement (*sila* en pali) et notamment la Parole juste (connue sous le nom de « *samma vaca* ») qui fait partie du Noble Sentier Octuple. Rappelons brièvement que **le Noble Sentier Octuple** est le chemin qui mène à la fin de la souffrance[1]. Il est composé de huit aspects interdépendants et trois parties :

1. Pour ces bases de l'enseignement du Bouddha, nous vous conseillons « L'enseignement du Bouddha. D'après les textes les plus anciens », Walpola Rahula, 1961, Paris: Seuil, Coll."Points Sagesses".

I – La vertu (Sila)

1. La parole juste (*Samma Vaca*) : parler de manière véridique, bienveillante et utile, et éviter la parole mensongère, agressive ou nuisible.
2. L'action juste (*Samma Kammanta*) : avoir des actions moralement justes, comme s'abstenir de tuer, voler et commettre des actes sexuels inappropriés.
3. Le mode de vie juste (*Samma Ajiva*) : gagner sa vie de manière éthique et honnête, en évitant les métiers ou les moyens de subsistance nuisibles.

II – La stabilité (Samadhi)

4. L'effort juste (*Samma Vayama*) : être attentif à reconnaître et développer des états d'esprit constructifs et réduire les états négatifs.
5. La concentration juste (*Samma Samadhi*) : développer une concentration profonde et un esprit stable par la méditation, permettant ainsi de voir la réalité telle qu'elle est.
6. La pleine conscience juste (*Samma Sati*) : être conscient du moment présent, de ses pensées, émotions, et sensations, sans s'y identifier et y réagir, et cultiver une attention vigilante.

III - La sagesse (Pañña)

7. La compréhension juste (*Samma Ditthi*) : avoir une compréhension correcte de la réalité, y compris de

la nature de la souffrance, de l'impermanence et de l'absence d'un soi permanent dans le corps et le mental.

8. La motivation juste (*Samma Sankappa*) : en s'efforçant d'adopter des pensées de bienveillance, de compassion et de non-nuisance envers les autres.

La pratique de la Parole juste vise à créer un environnement de communication respectueux, empreint de bienveillance envers autrui. En suivant ces principes, on favorise des interactions positives et constructives, contribuant ainsi à notre propre croissance spirituelle et au bien-être des autres.

Pour une communication saine et bienveillante, les pratiquants récitent fréquemment les quatre entraînements suivants de la Parole juste pour les garder à l'esprit, comme des garde-fous dans leur communication du quotidien.

CHANT DE LA PAROLE JUSTE

Musavada veramani sikkhapadam samadiyami

Je m'engage à la pratique de m'abstenir du mensonge.

Pisuna vaca veramani sikkhapadam samadiyami

Je m'engage à la pratique de m'abstenir de la parole médisante ou qui divise[1].

1. De façon mnémotechnique, qui « dés-unit » comme dans « pis-una », qui divise.

Pharusa vaca veramani sikkhapadam samadiyami

Je m'engage à la pratique de m'abstenir de la parole grossière.

Samphappalapa veramani sikkhapadam samadiyami

Je m'engage à la pratique de m'abstenir de la parole futile.

En somme,

"Et qu'est-ce que la parole juste ? S'abstenir
de mentir,
de diviser,
d'injurier,
de paroles futiles.
C'est ce qu'on appelle la parole juste."

— Magga-vibhanga Sutta (SN 45.8)

Ces quatre principes de parole juste font partie de l'entraînement à la vertu sous le nom *Ajivatthamaka Sila* (Huit préceptes avec le huitième sur les Moyens d'Existence Justes). Les autres entraînements éthiques ne concernent pas la communication.

HUIT PRATIQUES AVEC LA HUITIÈME SUR LES MOYENS D'EXISTENCE JUSTES

1) Panatipata veramani sikkhapadam samadiyami

Je m'engage à la pratique de m'abstenir de tuer des êtres vivants.

2) Adinnadana veramani sikkhapadam samadiyami

Je m'engage à la pratique de m'abstenir de voler.

3) Kamesu michacara veramani sikkhapadam samadiyami

Je m'engage à la pratique de m'abstenir de toute inconduite sexuelle.

4) Musavada veramani sikkhapadam samadiyami

Je m'engage à la pratique de m'abstenir de discours faux et nuisibles.

5) Pisunavaca veramani sikkhapadam samadiyami

Je m'engage à la pratique de m'abstenir de paroles qui divisent.

6) Pharusavaca veramani sikkhapadam samadiyami

Je m'engage à la pratique de m'abstenir d'utiliser des propos durs ou injurieux.

7) Samphappalapa veramani sikkhapadam samadiyami

Je m'engage à la pratique de m'abstenir de toute conversation inutile.

8) Micchajiva veramani sikkhapadam samadiyami

Je m'engage à la pratique de m'abstenir de mauvais moyens de subsistance.

Ces Huit préceptes du laïc sont supérieurs au Cinq préceptes, les plus connus et récités, qui correspondent aux quatre premiers et y ajoute un autre :

Surā–meraya-majja-pamādaṭṭhānā veramaṇī sikkhāpadaṃ samādiyāmi,

> Je m'engage à la pratique de m'abstenir de prendre des substances enivrantes qui perturbent la vigilance et la clarté de l'esprit, comme l'alcool ou les drogues.

Ces « préceptes » sont des chemins (*padam*) d'entraînements (*sikkha*). Ce sont des points d'attention et non des commandements ou des règles absolues. Elles ne sont pas le Bien ou le Mal, mais des lignes directrices sur ce qui *fait* du mal ou fait du bien selon le contexte. Ces préceptes nous aident à observer les effets de ces comportements et de choisir de les éviter ou non en pleine conscience. Nous jugeons des comportements en fonction de leurs effets pour mieux les sélectionner à bon escient. Ils ne sont en aucun cas des règles auxquelles s'identifier et à partir desquelles nous pourrions juger les autres. Cela ne peut être qu'un entraînement psycho-spirituel personnel.

Parfois, un autre entraînement provenant du Karaja-kāya sutta[1] est aussi récité. C'est simplement le souhait

1. AN 10.208. Ce sutta est également récité pour développer les Quatre Demeures Divines : la bienveillance (Metta), la compassion, la joie altruiste, et l'équanimité.

de cultiver un esprit de bienveillance envers tous les êtres vivants :

Metta saha gatena cetasa, sabba pana bhutesu manasam pharitva viharanam samadiyami

> Je m'engage à demeurer avec un esprit tranquille imprégné de bienveillance envers tous les êtres vivants.

Ce dernier précepte sur la bienveillance nous ramène donc directement à notre sujet et montre à quel point l'enseignement du Bouddha forme un système cohérent où chaque enseignement peut mener à l'autre : de la vertu (*sila)* au développement de l'esprit (*samadhi*) et à la sagesse (*pañña*). Tous ces conseils et préceptes nous conduisent à être plus attentifs et conscients de nos comportements (gestes, paroles et pensées volontaires) et de leurs conséquences. Cela renforce ainsi les autres parties du chemin dans les versets ultérieurs concernant l'entraînement de l'attention et de la conscience et le développement d'états d'esprit sains (résumé par le terme *samadhi*), ainsi que la sagesse (*pañña*). Il est aisé de comprendre que ce chemin de vie nous apporte l'équilibre et la stabilité intérieurs. Notre vertu nous protège de commettre des actes qui entraineraient des états d'esprit perturbés, marqués par le remord, les regrets, la tristesse et la culpabilité. Cela facilite en retour la stabilité et la clarté d'esprit, et soutient la sagesse. Les relations sociales sont plus positives et confiantes.

« **Être doux** » (*mudu)*, dans l'expression suivante, c'est éviter d'être agressif et répondre avec calme et compréhension. À la place de l'agressivité, nous pouvons essayer d'utiliser la politesse. Cela huile les relations sociales qui peuvent sinon être rugueuses. De même, les injures (*pharusa vaca*), ou ce qui paraît injurieux pour la personne sont à éviter. Pour aller plus loin, nous pouvons essayer la courtoisie, forme de politesse raffinée qui fait du bien à la personne qui la reçoit. Les compliments sincères nous rendent aimables aux yeux de l'autre. En retour, l'autre personne peut aussi devenir plus gentille et agréable. Nous pouvons commencer par l'entourage immédiat, comme le couple, les parents ou les enfants ou n'importe quelle personne avec qui nous avons des contacts. C'est une façon simple de cultiver l'amour plutôt que la haine. De simples paroles douces ou un sourire peuvent suffire à nous rendre aimables et sympathiques plutôt que froids. Orienter son esprit pour trouver des paroles gentilles à la fois sincères et surtout adaptées à la situation peut être une pratique à cultiver dans toutes nos interactions. Cette attitude contribue à la réduction des conflits et à l'ouverture.

Le Bouddha prône également **l'humilité** pour des relations sociales aimables. Cette qualité est l'inverse de l'orgueil excessif (*atimāna*). Être humble signifie reconnaître ses propres limites et être ouvert aux opinions et aux perspectives des autres. Cela évite de partir dans des interactions structurées par la volonté de dominer l'autre et permet plus de reconnaissance mutuelle et de partage.

Lorsque vous êtes « aimable, doux et humble », vous établissez un climat de respect et d'acceptation. Cela encourage les autres à partager leurs pensées et leurs émotions, et crée un sentiment de sécurité émotionnelle. Dans cet état d'esprit, la bienveillance se manifeste naturellement, car vos actions reflètent un désir sincère de contribuer au bien-être des autres et de cultiver des relations positives.

Verset 2. Le contentement dans une vie simple et légère

> 2. Contenté et facilement satisfait,
> Avec peu d'obligations et une vie légère,
> Les sens en paix et prudent,
> Sans convoiter les dons des familles.

Contenté et facilement satisfait

Le contentement est la capacité d'apprécier et de trouver la satisfaction dans ce que l'on a déjà, plutôt que de rechercher toujours davantage ou de se comparer aux autres. C'est l'inverse de l'avidité et de l'envie qui créent des états émotionnels de tension et de frustration. Être contenté favorise au contraire une attitude de gratitude envers la vie. Ainsi, si vous sentez la frustration, l'impatience et l'avidité en vous, souvenez-vous que :

« Le contentement est la plus grande richesse. »

— (Dhammapada, verset 204)

Notre état d'esprit est important pour notre bonheur. C'est notre vraie richesse. En recherchant avidement la richesse, nous pouvons perdre paradoxalement celle qui est bien plus grande : le contentement. C'est un sentiment de satisfaction provenant du fait de ne pas désirer plus que ce que l'on a actuellement, et d'apprécier pleinement les aspects positifs de sa vie, qu'ils soient grands ou petits. C'est une émotion positive qui nous rend moins dépendants des circonstances extérieures de gain ou de perte, de réussite ou d'échec, de louanges ou de critiques. Nous sommes alors plus satisfaits avec ce que l'on a, où l'on est, qui l'on est, ou comment le monde est. Cela n'empêche pas de vouloir améliorer des choses et de se fixer des objectifs bien sûr, mais ce n'est plus le fondement de notre bonheur. Nous entreprenons les actions nécessaires avec plus de légèreté.

Comment obtenir le contentement ? En lâchant prise de cette volonté avide et insatiable d'obtenir constamment quelque chose à l'extérieur de nous-mêmes. En se concentrant sur ce que l'on a et en ressentant de la gratitude, plutôt que d'imaginer ce que l'on n'a pas et en souffrir. En lâchant prise de l'avidité, le contentement apparaît. Le contentement et l'état de pleine conscience sont liés. En cultivant l'ouverture au présent tel qu'il est, nous cultivons le contentement. L'esprit qui ne s'accroche pas est l'esprit du contentement.

Cette richesse intérieure apporte un bien-être plus durable. Cela peut aussi améliorer nos relations avec les autres, car une personne contentée est moins encline à la jalousie, à l'envie et à la comparaison. Cela contribue à un environnement de confiance et de paix avec les autres.

L'expression suivante d'être « **facilement satisfait** » implique de ne pas être excessivement attaché aux possessions matérielles ou aux désirs incessants. Cela permet de réduire les sentiments de frustration, de stress et de tension qui peuvent découler de la poursuite constante de choses matérielles.

Les règles des moines bouddhistes peuvent être une source d'inspiration. La discipline monastique (contenue dans les textes du *Vinaya)* les incite à se contenter de peu, car ils ne peuvent pas manger sans se faire offrir tous les jours de la nourriture par les laïcs. Ils ne sont pas censés posséder et utiliser de l'argent par eux-mêmes. Seules « quatre nécessités » sont admises, qui correspondent aux besoins fondamentaux : nourriture, logement, vêtements, médicaments ou hygiène. Si le moine veut aller plus loin pour lâcher prise de son désir obsédant de confort matériel ou le « secouer » un peu, il existe même quelques pratiques ascétiques (ou *dhutanga,* venant de *dhuta* « secoué ») à sa disposition à l'égard de ses quatre types d'objets, comme vivre dans la forêt ou loin des endroits habités, se contenter de n'importe quel abri, ne manger que ce qui a été offert dans le bol. Dans tous les cas, ces règles invitent à pratiquer le renoncement (*nekkhama*), une des dix qualités mentales et spirituelles (*parami)* du pratiquant bouddhiste qui veut détendre son esprit et s'alléger des soucis liés à la possession.

En cultivant le contentement et la satisfaction intérieure, nous lâchons prise des complications inutiles et nous laissons un espace de conscience qui est ouvert, apaisé et joyeux.

Être satisfait de ce que l'on a renforce également la capacité à se concentrer sur la qualité des relations plutôt que de les considérer comme des moyens pour assouvir nos désirs et atteindre nos objectifs. La relation est moins instrumentalisée et la personne est respectée.

Avec peu d'obligations et une vie légère

Une vie remplie d'obligations constantes peut créer du stress et de la fatigue. Ces états émotionnels peuvent rendre plus difficile d'être attentif aux besoins des autres et d'avoir des interactions bienveillantes. Si nous sommes constamment en train de penser au travail ou à d'autres soucis, notre esprit sera rempli de préoccupations plutôt que d'être disponible à ressentir de l'amour pour les proches. Cela a forcément un impact sur la relation et sur le niveau de bienveillance dont on peut faire preuve. Nos préoccupations nous rendent plus durs et irritables. Il devient plus difficile de sortir instantanément de ces états émotionnels pour ressentir et répandre notre bienveillance ou notre amour. En réduisant le fardeau des obligations, vous laissez plus d'espace dans votre vie pour être présent et attentif à ce qui compte.

De même, vivre une vie légère signifie ne pas avoir un mode de vie accablé par des préoccupations inutiles, des possessions matérielles excessives, ou des attaches pesantes. Sur le chemin de la paix, nous avons ainsi plus de temps pour développer une vie plus calme et contemplative. Cela nous donne une attention plus libre et une conscience plus accueillante. La vie de moine bouddhiste semble, à cet égard, idéale.

Bref, en simplifiant notre vie, nous gagnons en légèreté. Une vie moins chargée et moins compliquée favorise la disponibilité émotionnelle pour être présent et empathique et faciliter ainsi des relations plus profondes. Le calme et la stabilité que l'on en retire de ces conditions de vie simples nous introduisent tout naturellement à la pratique de deux aspects de la pleine conscience décrits dans la prochaine phrase du verset.

Les sens en paix et prudent

Le premier aspect, « les sens en paix » (*santindriyo*), correspondent aux sens ou facultés sensorielles (*indriya*) tels que l'œil, l'oreille, le nez, la langue, le toucher et le mental. En plus des cinq sens, le bouddhisme ajoute en effet le mental comme sixième sens. Ce qui est vu, entendu, senti, goûté, touché et pensé ou imaginé sont des choses ou des stimuli qui apparaissent dans la conscience. Tout cela peut stimuler ou exciter l'esprit.

Aussi, pour cultiver une paix intérieure, il peut être utile de « garder » ses sens par la pleine conscience, c'est-à-dire d'éviter une trop grande quantité de stimulation, mais surtout de veiller à la qualité des stimuli. Concrètement, il s'agit d'être attentif à ce qui apparaît dans la conscience par les « portes » des sens. C'est plus facile à faire lorsque notre mental est au repos dans la méditation. Être en pleine conscience ici, c'est être comme le gardien d'une cité qui contrôle ceux qui vont et viennent à travers les portes d'entrée. C'est une des métaphores classiques utilisées pour décrire la pleine conscience :

> *« La pleine conscience protectrice est comme le sage gardien d'une ville, capable de reconnaître et admettre les véritables citoyens de la ville et décider qui doit être admis à l'entrée et qui ne devrait pas être admis. Chacune des portes sensorielles a un gardien qui surveille quelles expériences se présentent à la porte et les autorisent activement ou ne les autorisent pas à entrer, en discernant s'ils apporteront des résultats bénéfiques ou des nuisances »*[1].

Contrôler ce qui rentre dans la conscience est une pratique de pleine conscience habituelle préconisée par le Bouddha :

> *« Venez, mes amis, demeurez avec vos facultés sensorielles gardées, avec la pleine conscience comme votre protecteur, avec la pleine conscience comme votre chef, avec votre intellect protégé, avec votre esprit protégé par la pleine conscience. »*[2]
>
> *— (AN 5.114, Andhakavinda Sutta)*

1. Feldman, C., & Kuyken, W. (2019). *Mindfulness: Ancient wisdom meets modern psychology*. Guilford Publications. p.11.
2. En pali : « *Etha tumhe, āvuso, indriyesu guttadvārā viharatha ārakkhasatino nipakkasatino, sārakkhitamānasā satārakkhena cetasā samannāgatā'ti—iti indriyasaṁvare samādapetabbā nivesetabbā patiṭṭhāpetabbā.* »

Cette reconnaissance de ce qui apparaît dans la conscience permet de voir quelles sont les conséquences de chaque entrée sensorielle et comment on nourrit notre esprit : est-ce bénéfique (*kusala*) ou nuisible (*akusala)* ?

Pour concrétiser cette pratique, vous pouvez vous arrêter quelques minutes dans la lecture pour observer ce qui apparaît spontanément dans l'esprit.

Est-ce que la nourriture mentale que j'absorbe à travers le sens de la vue, de l'audition et du mental crée de la paix ou de l'agitation ? Est-ce que mes activités de la journée cultivent ce qui est bénéfique ?

En retour, cette paix intérieure permet de mieux répondre aux situations avec calme et clarté. Nous sommes moins enclins à être submergés par des émotions négatives ou des impulsions réactives. Cela crée un espace pour des réponses plus réfléchies et empathiques.

Le second aspect de cette pleine conscience est d'être « prudent » (*nipako*). La prudence consiste à être attentif et à peser les conséquences de nos actions et paroles. De la même façon que nous gardons les six entrées sensorielles de la conscience, nous sommes attentifs à ce qui sort en paroles, en gestes ou en pensées intentionnelles. Ces trois « sorties » sont ce que l'on appelle le kamma ou action. Ce kamma produit des conséquences bénéfiques ou néfastes, d'où l'importance d'être prudent dans ce que l'on fait, dit ou pense. Réfléchir aux conséquences de nos actes et de nos positionnements développe la maturité et une certaine sagesse. L'enseignement du Bouddha classe parfois de façon *a priori* les comportements en vertueux ou néfastes, ce qui crée des garde-fous et nous aide à être attentifs aux conséquences de certaines actions. Mais le principe général est de réfléchir constamment aux conséquences éthiques réelles comme il est indiqué dans ce Sutta lorsque le Bouddha conseille à son fils, Rahula, de réfléchir aux conséquences de chaque acte (parole, geste ou pensée intentionnelle) avant, pendant et après chaque acte.

> *« Qu'en penses-tu, Rahula ? À quoi sert un miroir ?*
> *« C'est pour vérifier votre reflet, monsieur. »*
> *« De la même manière, les actes du corps, de la parole et de l'esprit ne devraient être accomplis qu'après des vérifications répétées.*
> *Lorsque tu veux agir avec le corps, tu dois vérifier cet acte : « Est-ce que cet acte que je veux faire avec le corps conduit à me faire du mal, à faire du mal aux autres, ou à faire du mal aux deux ? Est-ce malhabile, avec la souffrance comme issue et résultat ? »*
> *Si, en vérifiant de cette manière, tu sais : « Cet acte avec le corps que je veux faire conduit à me faire du mal, à faire du mal aux autres, ou à faire du mal aux deux. C'est peu habile, avec la souffrance comme résultat.' Au mieux de tes capacités, Rāhula, tu ne devrais pas faire un tel acte.*

Mais si, en vérifiant ainsi, tu sais: « Cet acte avec le corps que je veux faire ne conduit pas à me faire du mal, à faire du mal aux autres, ou à faire du mal aux deux. C'est habile, avec le bonheur comme résultat. » Alors, Rāhula, tu devrais faire un tel acte.

— *(MN 61, Ambalatthikarahulovada Sutta)*

Ce passage incite à comprendre les conséquences de nos actes, en comprenant que chaque acte peut être une cause de bonheur ou de malheur. Si nous faisons cela fréquemment, nous comprenons mieux les causes et les conséquences de notre vie et pouvons mieux choisir en conscience d'avoir telle ou telle activité selon les contextes. Dans le contexte de relations, être prudent en ce sens permet de réduire les réactions impulsives ou les jugements hâtifs qui pourraient nuire aux relations.

En ayant « des sens en paix et en étant prudent », nous observons ce qui rentre et sort de l'esprit. Nous voyons l'effet dans l'esprit des six entrées des sens (*salayatana)* en incluant le mental et la façon dont il réagit et se positionne face à ces *inputs* et l'effet sur autrui des triples sorties mentales, verbales ou physiques (*kamma),* les *outputs*. Cette pratique accroit notre capacité à voir clairement ce qui se passe en nous (vipassana), autrement dit notre sagesse.

Cela nous permet de réagir aux situations avec compréhension plutôt qu'avec impulsivité, et d'exprimer nos pensées et nos sentiments de manière plus respectueuse. Grâce à cette plus grande maturité émotionnelle, chacun se sent écouté, compris et pris en considération, ce qui favorise une atmosphère de bienveillance.

Sans convoiter les dons des familles

Cette dernière recommandation du verset souligne l'importance de ne pas être en proie à la convoitise ou au désir excessif des biens matériels et des dons. C'est très pertinent pour les moines bouddhistes qui vivent exclusivement des dons de leurs fidèles et des familles. Même si les laïcs ne vivent généralement pas de dons comme les moines, on peut comprendre l'absence de convoitise de façon plus générale.

L'avidité ou la convoitise (*lobha* en pali) est une des trois racines de l'origine de la souffrance dans la psychologie bouddhiste, avec la haine (*dosa*) et l'ignorance (*moha*). En effet, lorsque nous ne convoitons pas les biens ou les avantages d'autrui, nous évitons les conflits, les jalousies et les tensions qui pourraient découler de telles convoitises. En bref, cela génère moins de compétition malsaine, de rivalité ou de comparaison constante avec d'autres et plus de collaboration et de coopération, plus de gratitude pour ce que l'on a déjà. Une personne reconnaissante est plus encline à partager et à aider les autres, ce qui produit des relations plus désintéressées et bienveillantes.

Verset 3. Que tous les êtres soient heureux!

> 3. Et sans faire la moindre chose
> Que les sages désapprouveraient.
> Joyeux et en sécurité,
> Que tous les êtres soient heureux.

Sans faire la moindre chose que les sages désapprouveraient

Ce verset conclut les conseils comportementaux et moraux (*sila*, la première partie du chemin octuple) pour faire la transition avec le développement d'une attention concentrée sur l'émotion d'amour bienveillant (*samadhi*, la seconde partie du chemin octuple). S'en remettre aux « sages » qui sont attentifs aux conséquences est une façon de conclure cette partie du discours. À défaut de sages, les suttas peuvent nous aider à éclairer ce qui rentre et sort de notre esprit pour nourrir notre propre sagesse, comme il est suggéré dans le verset précédent par « les sens en paix et prudent » (*santindriyo ca nipako ca*).

À travers la première partie du sutta, nous comprenons que cultiver la bienveillance, c'est déjà être suffisamment conscient pour s'abstenir de certains comportements néfastes, impulsifs, imprudents, malhonnêtes ou plein de convoitise. Nous pouvons même nous réjouir de notre honnêteté et de ne pas heurter les autres. Comme nous l'avons vu dans le discours du Bouddha à Rahula cité précédemment, toute action (en pensée, parole ou geste) est essentiellement une forme de pratique, car toute action a une conséquence selon la notion de kamma. Le Bouddha encourage d'être au clair à chaque instant sur comment cette action est faite et avec quelles conséquences. C'est une forme de pratique de pleine conscience.

Le début de la méditation de l'amour bienveillant (*mettā*)

Pour aller plus loin et se nourrir de l'émotion d'amour (*mettā*), l'attention et le mental peuvent s'orienter vers des souhaits positifs de bienveillance envers autrui. C'est ce que l'on appelle la méditation ou pratique (*bhavana*) de metta, qui commence avec la deuxième partie du verset. Mettā implique le souhait sincère de bien-être pour tous les êtres.

Joyeux et en sécurité

Que tous les êtres soient heureux ou joyeux et en sécurité (*sukhino va khemino hontu*) ! Quoi de plus simple que de souhaiter que les êtres soient heureux et nourrir ainsi des états mentaux positifs ? Le fait d'ajouter « en sécurité » (*khemino*) souligne l'importance de se sentir protégé, à la fois sur le plan physique et émotionnel. Cela renvoie à un état d'esprit où l'on se sent à l'abri des menaces extérieures et où l'on peut s'épanouir librement. Le refuge dans le bouddhisme est avant tout intérieur. La méditation vise à faire de notre esprit notre propre refuge. D'autres textes sur l'amour bienveillant que nous verrons plus loin parlent d'un état intérieur d'absence d'anxiété ou de soucis. La paix intérieure que l'on découvre avec Nibbana est la sécurité incomparable. Ce n'est donc pas uniquement du bonheur qui est souhaité, mais également une grande stabilité intérieure sans peur.

Que tous les êtres soient heureux !

La déclaration « que tous les êtres soient heureux ! » (*sabbe sattā bhavantu sukhitattā*) reflète l'idée fondamentale de la bienveillance universelle, qui inclut tous les êtres, qu'ils soient humains ou non. Le souhait est que chaque être puisse connaître le bonheur, ce qui va au-delà de la simple absence de souffrance. Cette phrase exprime une vision d'empathie envers tout ce qui vit.

Verset 4. Quelle que soit la forme des êtres vivants

> 4. Quels que soient les êtres vivants,
> Qu'ils soient faibles ou forts, sans en exclure aucun,
> Longs ou grands,
> Moyens, petits ou minuscules.

Quels que soient les êtres vivants

Cette expression souligne la portée universelle de la bienveillance, au point d'englober non seulement tous les êtres, humains, mais aussi tous les êtres vivants, sans distinction. Cela reflète l'idée que chaque forme de vie mérite d'être considérée avec respect et considération.

Nous partageons en commun le fait d'être animé par la vie. **Nous sommes la Vie et la vie est notre identité fondamentale commune. Les distinctions ne sont que d'apparence.** Ainsi, notre sentiment de bienveillance, de connexion et d'amour peut aller bien au-delà du cercle restreint de notre affection habituelle envers les proches.

Sans en exclure aucun, au-delà des distinctions apparentes

Le sutta détaille différentes caractéristiques de formes de vie, ce qui permet de prolonger l'expérience de la bienveillance en multipliant des exemples d'êtres auxquels elle s'applique. Cela contribue à abolir mentalement les distinctions de surface pour reconnaître la vie en chaque être.

Ainsi, « qu'ils soient faibles ou forts, sans en exclure aucun » ne conditionne pas la bienveillance à la force, au pouvoir ou à l'influence d'un être, ou à l'inverse de sa faiblesse et de sa vulnérabilité. Qu'ils soient faibles et vulnérables ou forts et dominants, tous les êtres sont dignes de considération et de compassion. Aucun être ne doit être laissé de côté.

De même, s'ils sont « longs ou grands, moyens, petits ou minuscules », peu importe leur taille et leurs caractéristiques, ce sont des êtres vivants avant tout, comme nous tous. **De l'expérience de l'intimité de la vie sous toutes ses formes jaillit la bienveillance.**

Verset 5. Au-delà de nos limites de perception (« Visibles ou invisibles, proches ou lointains »)

> 5. Visibles ou invisibles,
> Proches ou lointains,
> Nés ou à naître,
> Que tous les êtres soient heureux !

La bienveillance s'applique à la vie sous toutes ses formes au-delà de notre perception limitée à ce qui est visible, proche et présent.

« Visibles ou invisibles » englobe tout ce nous voyons ou ne voyons pas : les gens avec lesquels nous interagissons fréquemment ou ceux qui sont absents ou loin. L'expression française « loin des yeux, loin du cœur » indique que nous pouvons oublier d'inclure tous les êtres que l'on ne voit plus. Des personnes nous ont peut-être touchés dans le passé. Le souvenir de leurs actes peut être une façon de les inclure dans cette méditation.

La phrase suivante « Proches ou lointains » évoque d'ailleurs la notion de proximité géographique ou émotionnelle. Elle souligne que la bienveillance ne dépend pas de la distance physique ou relationnelle. Qu'ils soient proches de nous ou lointains, tous les êtres méritent d'être inclus dans notre souhait de bonheur.

Tout comme elle n'a pas de limite spatiale, la bienveillance n'a pas non plus de limite temporelle. Elle s'étend aux êtres actuellement présents dans le monde (« nés ») ainsi qu'à ceux qui naîtront dans le futur (« à naître »). Cela reflète la compréhension que nos actions et notre attitude peuvent avoir un impact sur les générations futures.

En rassemblant ces trois dimensions – visibilité, proximité et temporalité – ce verset souligne l'aspect universel de la bienveillance. Il invite à élargir notre perspective au-delà de notre vision immédiate et à cultiver une attitude d'amour et de considération envers tout ce qui vit, perceptible ou non. Cela reflète l'aspiration à la bienveillance illimitée et à l'inclusion de toutes les formes de vie dans notre souhait de bonheur, au-delà de l'espace et du temps dans lequel on peut se situer. L'état d'esprit de bienveillance devient sans limites, universel et parfait.

Verset 6. Que nul, par colère ou aversion, ne souhaite de mal à autrui

> 6. Que nul ne trompe autrui,
> Ni ne méprise aucun être, quel qu'il soit.
> Que nul, par colère ou aversion,
> Ne souhaite de mal à autrui.

Ce verset revient sur la protection de la vertu avec des conseils de comportement en soulignant l'importance de la non-violence mentale et physique envers autrui.

Que nul ne trompe autrui

Ne pas tromper autrui reflète un engagement à être honnête, sincère et juste dans nos actions et nos paroles. Lorsque nous trahissons quelqu'un, nous éveillons de la méfiance et construisons une relation négative. S'abstenir de ces comportements renforce la confiance et favorise des relations basées sur la transparence. Une façon d'y penser est de se remémorer un des entraînements à la vertu cité précédemment :

« Micchajiva veramani sikkhapadam samadiyami.
Je prends l'engagement de m'abstenir de vivre de manière incorrecte. »

Ni ne méprise aucun être, quel qu'il soit

Le mépris est un mélange de dégoût et de colère, à l'égard d'un individu, ou d'un groupe d'individus perçu comme inférieur ou sans intérêt. Mépriser, c'est se placer soi-même comme étant supérieur à quelqu'un.

Le problème du mépris est de figer les êtres humains dans une représentation, y compris nous-mêmes, et d'essentialiser les conflits ou les désaccords sur des apparences. Cela rend le changement plus difficile et le cantonne à des crises et des ruptures abruptes et parfois violentes de perception. Cela renforce une des impuretés de la vision qui est *mâna*, généralement traduit par orgueil, et qui repose sur une pensée de comparaison entre individus. Le risque est de solidifier une perception de soi-même (un « moi ») et une perception de l'autre, au détriment de la perception de l'impermanence (*anicca*) et de la possibilité du changement. Nous allons alors chercher toujours la faute chez l'autre et alimenter notre colère.

> *« Si nous cherchons sans cesse à voir les défauts des autres,*
> *Si nous trouvons toujours quelque chose à leur reprocher,*
> *Nos mauvaises tendances vont se développer.*
> *Nous serons loin d'en voir la fin. »*
>
> — *Dhammapada, 253*[1]

1. https://www.dhammatalks.net/French/Thanissaro_Dhammapada.pdf

Le mépris à l'égard de personnes tend à se réduire lorsque nous comprenons que nous sommes tous complexes et que nous pouvons tous penser et réagir de façon condamnable selon les situations. Placés dans une situation de survie par exemple, la violence au détriment de notre vertu peut sembler être une solution. La pensée devient moins complexe et nuancée, car il faut réagir vite. La douleur facilite des réactions aversives et de l'impulsivité. Comprendre qu'il serait possible d'avoir nous-mêmes un certain degré de comportement condamnable dans certaines conditions peut nous amener à ressentir moins de mépris pour d'autres êtres, tout en reconnaissant tel ou tel comportement comme néfaste (*akusala*) et produisant des effets négatifs (*kamma vipaka)*. Les comportements sont jugés avec discernement plutôt que les personnes.

Tout comportement est issu de causes. On peut regretter les résultats, mais tout résultat apparaît de fait de conditions. Sans ces conditions ou ces causes, le comportement n'aurait pas lieu. C'est l'enseignement de la causalité psychologique que l'on retrouve dans les textes palis sur les Relations (*patthana* dans l'Abhidhamma) et l'apparition conditionnée par des causes (*paticca-samupada)*, condensée dans ce verset :

« Ceci étant, cela devient.
Ceci apparaissant, cela naît.
Ceci n'étant pas, cela ne devient pas.
Ceci cessant, cela cesse de naître. »
En pali :
« iti imasmiṃ sati idaṃ hoti,
imassuppādā idaṃ uppajjati;

imasmiṃ asati idaṃ na hoti,
imassa nirodhā idaṃ nirujjhati »

— (SN 12.61, Assutava sutta)

Cette compréhension a l'avantage de permettre d'accepter les choses telles qu'elles sont, sans excuser une faute morale.

En gardant cette compréhension et ce conseil à l'esprit, nous pouvons nous abstenir de certains comportements qui jettent de l'huile sur le feu. Par exemple, un des entraînements bien connus est de ne pas insulter. C'est un des préceptes récités fréquemment par les bouddhistes :

Pharusa vaca veramani sikkhapadam samadiyami

Je prends l'engagement de m'abstenir de la parole grossière.

Que nul, par colère ou aversion, ne souhaite de mal à autrui

La phrase « Que nul, par colère ou aversion, Ne souhaite de mal à autrui » va plus loin. Lorsque nous avons le sentiment de ne pas avoir été respectés ou que des personnes nous ont fait du mal volontairement ou non, il est plus difficile d'être bienveillant. Nous n'avons de toute façon pas envie d'être gentils et doux. Dire des choses agréables pourrait même paraître inadapté, voire renforcer leur comportement malveillant. Si cette perception prédomine en nous, nous pouvons partir dans des ruminations mentales incessantes, qu'on le veuille ou non. La colère et l'aversion peuvent nous enfermer dans des cercles vicieux mentaux. Mais faire du mal nous-mêmes à ces personnes ne va pas nous délivrer de la haine, comme l'indique le Dhammapada :

« Pris dans les filets de la haine,
Celui qui cherche son propre bonheur
En infligeant de la peine aux autres,
N'est jamais libéré de la haine. »

— *(Dhammapada, 21.291)*

La haine est une forme solidifiée et durable de colère et d'aversion à l'encontre de personnes ou de groupes de personnes. La colère va rester en nous, nous ronger et polluer notre existence, y compris lors de moments qui pourraient être paisibles. Ce sont des états émotionnels qui peuvent nous entraîner à vouloir supprimer ce qui est perçu comme les causes de notre colère. Des meurtres sont commis sous l'effet de la colère ou de la haine, avec l'illusion que cela nous libère de la souffrance. Les cercles vicieux relationnels s'installent souvent ainsi. Rappelons-nous dans ce cas que :

« La haine n'est jamais vaincue par la haine.
Elle l'est par l'absence de haine.
C'est là une loi immuable. »

— *(Dhammapada, I, 5)*

Mais que faire ?[1] L'enseignement du Bouddha nous invite à prendre conscience en amont de la colère ou de la haine et de ses effets sur nous et les autres. Est-ce bénéfique ? Est-ce que cela vous procure un bonheur durable et la paix ? Est-ce que souhaiter du mal est la solution ? Être conscient de nos réactions aversives en nous permet de réduire l'agressivité et de faciliter une attitude plus douce. Ces prises de conscience font partie de la pratique de la pleine conscience ou vipassana. Cette observation intérieure basée sur la stabilité intérieure nous place dans un état d'esprit qui nous permet d'abandonner naturellement la rancune ou la haine pour retrouver une conscience plus lucide et ouverte, et sortir ainsi des cercles vicieux.

La pratique de la bienveillance nous conduit à réfléchir lors de chaque moment de tension aux façons de privilégier le respect mutuel, la compréhension et la paix.

Verset 7. Comme une mère avec son enfant

> 7. Tout comme une mère protège de sa vie,
> Son enfant, son unique enfant.
> De même pour tous les êtres vivants,
> Cultivons cet esprit sans limites.

1. Voir également la partie III.3. Comment se détacher de la colère avant de pratiquer la bienveillance ?

L'amour inconditionnel d'une « mère qui protège de sa vie, Son enfant, son unique enfant »

La plupart des parents ressentent facilement de la tendresse ou de l'amour envers leurs enfants, en particulier lorsqu'ils sont bébés et complètement dépendants d'eux. Ce sentiment d'aide et de protection est naturel face à la vulnérabilité du bébé et n'exige généralement pas de réciprocité. L'analogie de l'amour maternel permet de comprendre que cet amour est inconditionnel.

L'idée de « protéger de sa vie » peut induire en erreur. Il n'y a pas d'instructions indiquant que l'on devrait aimer les autres plus que l'on s'aimerait soi-même. Comme il est répété dans de nombreux textes palis, le sentiment de bienveillance envers les autres est le même que l'on pourrait avoir pour soi-même (*sabbathatāya)*. Comme l'indique le Rājan Sutta (Le Roi), il n'y a pas de différence dans la bienveillance envers soi-même et autrui :

> *« On ne trouve personne de plus cher que soi.*
> *De même, tout le monde se tient très à cœur.*
> *Donc celui qui s'aime ne devrait pas faire de mal à autrui. »*
>
> — *(Ud 5.1, Rājan Sutta)*

De même pour tous les êtres vivants

Nous pouvons aussi ressentir facilement de l'amour envers les personnes qui nous sont très proches et qui nous apprécient. Il est souvent habile de se laisser ressentir cette émotion d'amour et de s'en imprégner pour l'étendre aux êtres vivants en général, en reconnaissant leur valeur en tant que vie. Tous les êtres ressentent la douleur, la craignent et aimeraient, comme nous tous, vivre en paix et en sécurité.

De même que dans le verset 4, cette universalité de la bienveillance pour tous les êtres vivants pointe sur le fait d'être nous-mêmes vivants, enfants de la vie. Nous partageons en commun le fait d'être animés par la vie. Au-delà de la forme que nous prenons, nous sommes la Vie et la Vie est notre identité fondamentale commune. Elle fonde notre unité. Cette unité du vivant nous connecte à la vie sous toutes ses formes pour faire émerger un sentiment de bienveillance, comme une mère qui tient à son enfant et veut le protéger.

L'absence de limites ou de barrières

La dernière phrase « Cultivons cet esprit sans limites » précise qu'il s'agit du même sentiment de bienveillance étendu à l'infini, sans faire de distinctions entre les êtres et sans limiter cette bienveillance à une condition de réciprocité. Cela ne renforce donc pas un « moi » qui mériterait de l'amour ou qui pourrait l'étendre à d'autres en fonction de certains calculs. C'est une bienveillance sans limites et universelle qui transcende les limites d'un moi individuel.

Ressentir cette absence de limite (*aparimāṇaṁ* dans *« mānasaṁ bhāvaye aparimāṇaṁ »*) dans cette bienveillance est d'ailleurs le critère distinctif de metta, appelé « la cassure des barrières » dans le Chemin de la Purification[1] qui mène à la première absorption méditative (cf. partie III. 5.4 « Les absorptions méditatives ou immersions dans le grand calme (jhana) »).

Verset 8. Laisser l'esprit de bienveillance s'étendre sans limites

> 8. Rempli de bienveillance pour le monde entier,
> Cultivons cet esprit sans limites,
> Vers le haut, vers les bas et tout autour,
> Sans entraves, sans haine.

Ce verset illustre parfaitement ce qu'est la méditation de la bienveillance. Nous nous remplissons du sentiment et de l'émotion de bienveillance en la laissant se répandre partout, sans limites, dans toutes les directions, sans aucune restriction.

1. Visuddhi Magga, XI,40-43, The Breaking Down of the Barriers – The Sign in NANAMOLI, Bhikkhu, BUDDHAGHOSA, Bhadantaca riya, *et al.* Visuddhimagga: The path of purification. 2003.

Rempli de bienveillance pour le monde entier

Nous faisons émerger une pensée d'amour et de compassion universelle envers toute forme de vie, au-delà des limites habituelles. Le sentiment s'amplifie ainsi en émotion.

Cultivons cet état d'esprit sans limites

En maintenant notre attention sur cette émotion de bienveillance, elle peut imprégner l'esprit et le corps. L'aspect agréable, chaleureux et doux de cette émotion aide l'attention à demeurer avec elle.

Nous plongeons en elle et nous fondons dans cette émotion. Nous devenons cette émotion.

Vers le haut, vers les bas et tout autour

Une fois imprégnés de l'émotion de tendresse, d'amour et de bienveillance ou de tout ce qui va dans ce sens, nous laissons cette émotion se diffuser dans toutes les directions, de manière à inclure tous les êtres, sans bornes. Nous pouvons la diffuser vers le haut, vers le bas et tout autour. L'essentiel est de laisser cette émotion s'amplifier, s'intensifier, se répandre et durer. Cela impactera plus durablement le corps et l'esprit, et nos comportements du quotidien.

Sans entraves, sans haine

C'est une bienveillance qui ne connaît pas de limites géographiques, émotionnelles ou conceptuelles. En étant « sans entraves », cela signifie qu'aucune barrière mentale ne limite cet état d'esprit. Il n'y a plus de choix de personnes ou d'êtres. Cela souligne la pureté et l'absence d'attachement ou de sentiment négatif dans cette émotion de bienveillance. C'est une émotion pure et parfaite. L'absence de haine renforce l'idée d'un amour pur, immaculé, qui absorbe tout. Il n'y a plus d'ennemi. C'est un amour en lequel toute irritation, rancœur ou haine fond et se dissout dans l'intensité, la chaleur et la lumière de cette bienveillance.

Verset 9. Une demeure divine dans n'importe quelle posture

> 9. Que l'on soit debout, en marchant, assis ou allongé,
> Tant que l'on est alerte,
> Cela devrait être gardé à l'esprit,
> C'est ce que l'on appelle une demeure divine.

Une demeure sublime

En quittant le verset précédent, nous pourrions dire que cette bienveillance, dans laquelle nous sommes alors immergés, est un plaisir divin ! C'est une divine émotion ! C'est en tout cas l'appellation utilisée (*brahma*) dans la dernière phrase de ce verset, parfois aussi traduite par « demeure sublime ». Cet adjectif divin s'applique également à la compassion, la joie pour autrui et l'équanimité, qui forment avec la bienveillance, les Quatre Demeures Divines. Il est agréable de demeurer dans cet état d'esprit de bienveillance qui devient sacré. En y demeurant, cela devient notre demeure. C'est une qualité spirituelle élevée et une manière de vivre qui reflètent une conscience aimante. La bienveillance transforme notre expérience en une expérience empreinte de noblesse.

Dans n'importe quelle posture, tant que l'on est alerte

Beaucoup de personnes pensent que la méditation se fait uniquement en posture assise. Le verset précise à l'inverse que l'on peut pratiquer cette méditation dans toutes les postures physiques, du moment qu'on ne s'endort pas. Cela peut être « debout, en marchant, assis ou allongé ». Ainsi, nous gardons une continuité d'attention, sans interruption, qui assure une bonne concentration. En limitant les distracteurs, cela permet de garder le sentiment de bienveillance à l'esprit sans grand effort. Si l'on tombe dans la somnolence, en particulier en posture allongée ou même assise, on peut alors se mettre debout et marcher.

De façon plus informelle, lorsque nous sommes en train de faire d'autres activités peu prenantes, il est possible de cultiver ces pensées de bienveillance quelques secondes ou minutes dans notre journée. Il suffit de réciter par exemple «*joyeux et en sécurité, que tous les êtres soient heureux*» (verset 3) jusqu'à «*vers le haut, vers le bas ou tout autour*» (verset 8). Si l'émotion de bienveillance est déjà là et qu'on en prend conscience, nous pouvons nous laisser baigner dans l'émotion de bienveillance. Cela fait du bien et cela ouvre l'esprit qui est peut-être fermé du fait de différentes tâches.

Cela devrait être gardé à l'esprit

La phrase «Cela devrait être gardé à l'esprit» met en avant l'idée de maintenir la conscience de la bienveillance à chaque instant, de façon continue. C'est un rappel pour aligner constamment nos pensées et nos actions et une invitation à rester dans l'ouverture de cet esprit de bienveillance sans limites le plus possible, que ce soit dans une pratique très courte ou beaucoup plus longue.

Même une seconde d'esprit bienveillant est à honorer, alors qu'est-ce que ce serait si c'était beaucoup plus !

> *« Moines, si un moine porte son attention sur une pensée de bonté, ne serait-ce que le temps d'un claquement de doigt, on l'appelle un moine. Sa méditation n'est pas vaine. Il agit conformément à l'enseignement du Bouddha. Il suit ses conseils. Il ne mange pas en vain l'aumône des gens. Et à plus forte raison s'il le fait abondamment ! »*
>
> — *(AN 1.55 Accharā Saṅghāṭa Sutta, Le claquement de doigt)*

Verset 10. Sans s'attacher à l'opinion

> 10. Sans s'attacher à l'opinion, vertueux,
> Avec une vision parfaite,
> Maîtrisant l'avidité pour les plaisirs sensuels,
> On ne devrait jamais renaître dans le cycle de la souffrance.

Une transition vers la sagesse

Avec ce verset, nous quittons le développement spécifique du calme, à partir de l'émotion de bienveillance ou d'amour, pour aller vers le développement de la sagesse qui transcende et libère de la souffrance. Par rapport aux autres parties du sutta, nous avons progressé dans les Trois entraînements, de la vertu (*sila*) à l'immersion dans la stabilité (*samadhi*), pour arriver maintenant à la sagesse (*panna*). Ce verset est généralement plus difficile à comprendre chez les pratiquants et son commentaire sera donc plus long. Souvent, les traductions font référence à des concepts abstraits rapportés à des personnes saintes (*arahant*) pour des états supramondains hors de portée du commun des mortels.

Nous avons essayé de conserver une traduction la plus fidèle et littérale possible au texte pali qui permette de décortiquer en détail le sens utile pour développer la conscience libératrice au quotidien. Commençons par la première phrase.

Sans s'attacher à l'opinion

La traduction de *diṭṭhiñca anupaggamma* par « sans s'attacher à l'opinion » est relativement nouvelle. La plupart des traductions anglaises du pali[1] assimilent *ditthi* à des conceptions ou idées erronées (ce qui serait alors *miccha ditthi, wrong* ou *false views* en anglais) par opposition à *samma ditthi*, la compréhension juste, qui fait partie du Noble sentier octuple[2]. C'est une interprétation valide dans l'enseignement bouddhiste, dans la mesure où certaines pensées mènent plus à la libération de la souffrance que d'autres. Toutefois, ce verset porte sur la libération définitive, comme l'indique sa dernière phrase de « ne pas renaître dans le cycle de la souffrance ». Or, du point de vue de la libération définitive, même la bonne compréhension intellectuelle (*samma ditthi)* nécessaire, doit être abandonnée. C'est ce que préconise le Bouddha lorsqu'il compare son enseignement à un radeau :

> *"Même cette vue (ditthi), aussi pure et brillante soit-elle, si vous y êtes liée, si vous la chérissez, si vous la gardez comme un trésor, alors vous ne*

1. Cf. Les dix-neuf traductions et interprétations anglaises différentes du Metta Sutta rassemblées par Leigh Brasington (http://www.leighb.com/mettasuttas.htm), ainsi que le Commentaire Pāli du Khuddakapāṭha traduit en anglais (Minor Readings (Khuddakapatha) and Illustrator. Translated By Bhikkhu Ñāṇamoli. Pali Text Society, Luzac and Co., Ltd., London, 1960).
2. Cf. commentaire du verset 1.

comprenez pas que l'enseignement est semblable à un radeau qui est fait pour traverser, et non pas pour s'y attacher."

— (MN 38, Mahatanhasankhaya sutta, Le Discours plus long sur la destruction du désir avide)

Cela ne dévalorise pas l'enseignement. Un radeau est extrêmement important pour ne pas être emporté par le flot des pensées, des émotions et de l'attachement à un « moi ». Sinon, nous nous retrouvons loin en aval de la rivière faite de tout ce qui nous passe par l'esprit. Mais dès lors que nous nous retrouvons sur l'autre rive, bien stable et en sécurité, le radeau n'est plus nécessaire et deviendrait un fardeau, susceptible de créer de l'aversion et du conflit inutilement. Le Bouddha voit donc son enseignement comme un moyen utile, de la même façon qu'un radeau[1].

La non-identification aux idées conduit à la paix

Cela n'empêche pas le Bouddha d'exhorter sans cesse ses disciples à suivre assidûment son chemin de liberté. Mais ce chemin inclut justement le non-attachement aux opinions (*diṭṭhi-upādāna)*.

La Bouddha parle de quatre zones de crispation de l'attention et de la volonté, ou d'agrippement, généralement traduit par attachement (*upadana*) ou fixation :

1. Cette parabole du radeau est davantage détaillée dans MN 22, Alagaddūpama Sutta.

1. envers le désir des sens, c'est-à-dire la recherche avide de plaisirs intellectuels ou sensoriels (*kâm-upâdâna);*
2. envers les règles, conventions ou rites (*sîlabbat-upâdâna*) c'est-à-dire une croyance aveugle dans les habitudes conventionnelles notamment religieuses ou par extension la solidification de notre perception en règles mentales, immuables et rigides;
3. Envers le « moi », ou « je » ou « le mien » (*attavâd-upâdâna)* qui n'est de façon ultime qu'une illusion;
4. Envers les opinions (*ditth-upâdâna*). Cette dernière fixation peut mener très vite au conflit. Ce mécanisme nous rappelle que l'origine de la guerre est d'abord dans l'esprit. Tout naît dans l'esprit. L'esprit est premier, avant toutes choses (Dhp 1). Si nous n'y portons aucune attention, il y a peu de chances pour que l'humanité résolve ses problèmes et arrive un jour à vivre en paix. À l'inverse,

« quand l'esprit ne s'empare pas des choses, quand vous ne trouvez rien, aucune opinion, aucune position à laquelle s'identifier, alors c'est ce qui amène la fin des querelles, la fin des disputes et des discours malveillants, des prises d'armes et d'arguments, c'est là que la discorde arrive à sa fin, là où l'esprit ne savoure pas le fait d'affirmer « c'est ma position ! ». »

— *(M18, Madhupiṇḍika Sutta,).* [1]

1. Traduit de l'article en anglais : AMARO, Ajahn. Not Holding to Fixed Views. *Mindfulness*, 2019, vol. 10, n° 3, p. 582-585.

De nombreux suttas évoquent l'absence de croyance aveugle, comme le célèbre Kalama sutta (AN 3.65), et de flexibilité dans les pensées, qui ne sont que des moyens utiles, des radeaux. Cela implique pour le Bouddha une grande tolérance envers les idées des autres, par exemple :

> *« Il n'est pas convenable, dit-il, pour un homme sage qui prétend défendre la vérité d'arriver à la conclusion : 'Seul ceci est vrai, et tout le reste est faux' »*
>
> — *(MN 95, Cankī Sutta)*

Le lien entre la non-identification aux opinions et l'esprit de bienveillance que le Metta Sutta cherche à cultiver est évident. Lorsque nous formons des opinions à propos des autres, cela peut créer des barrières mentales qui entravent notre capacité à ressentir de la compassion et de la bienveillance envers eux. Des expériences en psychologie montrent par exemple qu'il est plus difficile d'avoir de l'empathie dès qu'une étiquette politique, d'un camp opposé à notre propre positionnement, est collée sur quelqu'un. Autrement dit, cela nous renferme. En arrêtant de figer une personne de façon conceptuelle, nous lui permettons également plus facilement de changer. La bienveillance implique de voir les autres avec ouverture et empathie, sans être limités par nos propres opinions. Lorsque nous sommes davantage libres de l'identification aux pensées, que l'on nomme ici opinion, nous sommes plus enclins à ressentir de la compassion et à souhaiter sincèrement le bien-être des autres, en dehors des jugements que nous avons sur eux. Cela laisse un espace de conscience pour la compréhension et la bienveillance et favorise une impartialité qui permet d'inclure et de s'ouvrir plus facilement à tous les êtres.

Au-delà du moi individuel délimité par le corps et le mental

Cette liberté psychologique par rapport aux pensées ne signifie pas bien sûr l'absence de pensées ou de perceptions mentales. Tout le monde en a. Cela signifie qu'il n'y a plus d'« identification » absolue aux pensées ou aux opinions, c'est-à-dire qu'une pensée ne devient pas notre identité fondamentale. Notre essence ne se définit pas par une pensée.

Finalement, les différences de traduction entre « ne pas aller dans les vues fausses » ou littéralement « ne pas aller dans l'opinion » concordent sur le fait de ne pas transformer les choses de l'esprit en un « moi » individuel (ou personne, individu, être) délimité par des pensées ou par les frontières du corps. Le Commentaire pali de cette phrase précise en effet que le pratiquant discerne seulement un tas de processus mentaux, ou pour reprendre le terme bouddhiste, des « agrégats » (*khanda*), plutôt qu'un moi :

> *« Le pratiquant ne va pas dans la vue fausse des biais des limites du mental et du corps (nāmarūpa-pariccheda), en voyant qu'il n'existe qu'un tas de formations mentales (saṅkhāra). »*[1]

1. Minor Readings (KN, Khuddakapatha) and Illustrator. Translated By Bhikkhu Ñāṇamoli. Pali Text Society, Luzac and Co., Ltd., London, 1960.

Les limites d'un moi associées aux limites du corps et du mental sont vues comme une erreur lorsque l'on voit que ce ne sont que des fabrications mentales (*saṅkhāra*) ou autrement dit de l'activité mentale. Les Cinq agrégats (*khanda*) auxquels on s'identifie sont :

1. Rupa : Le corps.
2. Vedana : La valence affective plaisante ou déplaisante des cinq sens et du mental.
3. Sañña : Les perceptions mentales (la reconnaissance et l'interprétation des sensations, basée sur la mémoire).
4. Sankhara : Les pensées, les réactions et les intentions (la volition).
5. Viññana : La conscience sensorielle.

Le Commentaire cite un sutta où la nonne Vajira compare un individu aux parties d'un chariot :

« Comme pour un assemblage de parties
Qui est désigné par le mot 'chariot',
Lorsque les agrégats sont présents,
On parle d'un individu par convention. »

— (SN 5.10, Vajirā Sutta)

La pleine conscience des mécanismes qui alimentent la perception d'un moi individuel nous prémunit de nous identifier à une version de nous-mêmes, qui n'est qu'une histoire mentale faite de pensées, d'images et de réactions émotionnelles. Cela apporte une liberté nouvelle. Adieu la lutte fatigante qui s'en suit pour valoriser, améliorer, maintenir ou changer cette image ! Adieu la dévalorisation de soi ou à l'inverse la haine de ce qui vient mettre en doute notre version. S'habituer à se décrocher du fait de penser et distinguer l'activité mentale de la simple conscience qui accueille ces phénomènes mentaux et émotionnels font partie des acquis méditatifs d'une pratique de non-attachement à l'activité mentale. Cela développe une méta-cognition nourrie par l'observation détachée des pensées.

Du point de vue du développement de la bienveillance, cette transcendance d'une perception partant de l'individu **transforme la pratique du développement de la bienveillance**. La manière de méditer reposait sur l'idée d'un individu qui rayonne de bienveillance. Mais le Metta le plus profond se trouve justement **au-delà du carcan de la notion de l'individu** qui, nécessairement, est vulnérable et a besoin de se protéger et de contrôler. Au-delà de ces limites, lorsque nous sommes conscients à partir de la Vie, ces impulsions perdent leur caractère vital et nécessaire. Elles se relâchent pour laisser la place à l'unité de la Vie vaste et aimante.

Cette perception juste et libératrice peut toutefois être obscurcie par la pensée et les affects. Nous verrons les affects dans la phrase « Maîtrisant l'avidité pour les plaisirs sensuels » du verset 10. La pensée peut obscurcir notre vision lorsqu'elle se transforme en opinion (*ditthi)* qui est une forme de pensée figée, qui est prise pour « moi » ou la réalité.

Ne pas aller dans l'opinion, c'est ne pas reconstruire l'illusion d'un moi en faisant l'équivalence entre une pensée et moi. **Cette équation « pensée = moi » est problématique** du point de vue de ses trois composantes : la pensée elle-même est limitée ; l'équivalence entre la pensée et un moi est trop absolue ; le « moi » lui-même n'est qu'un ensemble de processus d'identification à différentes choses. Voyons ces trois aspects l'un après l'autre.

Premièrement, **la pensée est limitée**. Notre mental essaie de comprendre la réalité à l'aide du langage, essentiellement des symboles reliés entre eux. Il recherche la vérité à travers un réseau de concepts. C'est son mode de fonctionnement et une de ses motivations intrinsèques. Et en effet, il y a quelque chose de satisfaisant à constater que notre pensée reflète bien la réalité de façon cohérente. La compréhension intellectuelle nous donne plus de contrôle sur notre environnement et un sentiment de maîtrise. Au lieu de « Le savoir, c'est le pouvoir », nous pourrions aussi dire « savoir, c'est pouvoir ». La quête du savoir commence par cet affect plaisant. Lorsque nous avons le sentiment de comprendre, les choses sont alors à leur place, tout est normal, comme cela doit être si nous comprenons bien les choses. Il n'est pas étonnant alors de vouloir savoir davantage et de défendre ensuite ce savoir qui nous sécurise !

Ainsi, en suivant cette motivation intrinsèque, nous avons naturellement tendance à vouloir que notre pensée soit la réalité, c'est-à-dire qu'elle soit vraie. Or, la pensée n'est pas la réalité elle-même. Le fait de penser est réel.

Mais les contenus de nos pensées ne sont que des reflets et des hypothèses sur ce que nous percevons de la réalité. Il peut s'y introduire de multiples biais cognitifs[1]. Nous perdons souvent de vue l'aspect impermanent, relatif, contextuel, partiel et partial de la pensée que nous défendons sur le moment.

Notre raisonnement et notre rationalité sont aussi limités. Notre capacité de décision est soumise aux biais cognitifs, mais aussi à des contraintes comme le manque d'information, de vision globale, la fatigue ou le manque de temps. Nous choisissons alors une solution suffisamment satisfaisante sur le moment, mais pas forcément la solution optimale[2]. Remettre en cause ces décisions, ces solutions, ces façons de voir peut être inconfortable et créer une nouvelle insécurité conceptuelle en attendant des concepts nouveaux qui remplacent les anciens. Cela contribue à un attachement aux pensées (*ditthi upadana*).

En dehors de toutes considérations sur la validité de la pensée, lorsque nous voyons la pensée comme la réalité, nous sautons également une étape cruciale qui est de reconnaître que penser est d'abord une activité mentale. Les pensées ne sont en premier lieu que de l'activité mentale.

---

1. Un article de recherche en psychologie synthétise ces biais en six croyances fondamentales qui influencent notre vision du monde : 1. Mon expérience est une référence raisonnable. 2. Je fais des évaluations correctes du monde. 3. Je suis bon. 4. Mon groupe est une référence raisonnable. 5. Mon groupe est bon. 6. Les caractéristiques des personnes (et non le contexte) façonnent les résultats. in Oeberst, A., & Imhoff, R. (2023). Toward Parsimony in Bias Research: A Proposed Common Framework of Belief-Consistent Information Processing for a Set of Biases. Perspectives on Psychological Science.
2. Le sociologue Herbet Simon a développé ce concept de rationalité limitée dans son livre « Administrative Behavior » (1947).

Du point de vue méditatif, c'est la première chose à garder à l'esprit, car cela libère de la recherche mentale limitée. La mise en pensée de ce que nous percevons directement de la réalité est une chosification (ou réification) de la réalité. Nous transformons par exemple des formes et des couleurs en une chose qui a un nom, une utilité et qui vient se ranger dans un réseau conceptuel de caractéristiques. La réification de la réalité brute par l'activité symbolique peut nous couper de la réalité, qui en elle-même n'a pas de sens prédéfini. Elle est comme elle est. C'est « Ainsi », comme le désigne le terme pali « *thatata* ». Sans la couche mentale de perception, nous découvrons « l'ainsité ». Cette ainsité est souvent très silencieuse mentalement, car sans les concepts, il n'y a pas de stimulus mental qui met en activité le fait de penser. Il n'y a plus de liens entre stimuli mentaux, plus d'associations automatiques au sein d'un réseau sémantique. L'activité mentale cède la place à une réalité présente, nue, telle qu'elle est, sans affects liés à la couche mentale souvent non consciente de perception. Depuis cette perceptive, la pensée n'est que relative et jamais absolue. La recherche mentale de la vérité est donc par nature limitée et contient une part d'illusion si nous pensons qu'elle finira un jour. La prépondérance du mental peut donc nous couper de la réalité non conceptuelle en nous faisant vivre exclusivement dans un monde mental.

Deuxièmement, **l'équivalence avec un moi (« pensée = moi ») est trop absolue**. Comment peut-on s'identifier à une activité mentale qui apparaît, change, disparaît ? La pensée est impermanente. Elle ne peut donc pas nous définir de façon absolue. Nous ne sommes pas réductibles à des pensées. Vous n'avez probablement pas les mêmes pensées aujourd'hui que celles que vous aviez à l'âge de cinq ans, n'est-ce pas ? De même, à l'âge de dix ans, quinze ans, vingt ans, etc. Les pensées changent, disparaissent, mais vous ne disparaissez pas avec elles. Vous n'êtes donc pas fondamentalement vos pensées. On peut s'y identifier partiellement et momentanément par commodité, mais cette identification est trop absolue pour être vraie.

Troisième composante de l'équation, **le « moi » lui-même n'est qu'un ensemble de processus d'identification** à différentes choses comme le mental avec ses souvenirs ou ses anticipations, le corps et les émotions. En voyant ces événements mentaux ou émotionnels qui ont lieu en nous, il n'est pas besoin de s'y identifier dans une recherche de vérité. Ces processus ont lieu en nous tous et ne sont pas propres à notre individualité. Ce sont simplement des mécanismes impersonnels. Pour cette raison, le Bouddha a constamment répété de ne pas s'identifier à eux. Ils ne sont pas nous. Ce n'est pas moi. Ils ne sont pas soi (littéralement *anatta* en pali). En pratiquant l'observation de ces mouvements de « penser », « s'identifier », « réagir », nous voyons simplement des mécanismes et rien d'autre. Cette phase de déconstruction est libératrice. C'est une connaissance méditative directe qui apporte une maturité psychologique. Nous nous libérons un peu plus d'un « moi » qui doit se défendre, avec les émotions qui accompagnent ce processus.

Nous sortons donc de l'équation « pensée = moi ». Mais si nous ne sommes pas ce qui pense en nous, que sommes-nous ? On me pose souvent cette question en retraite de méditation lorsque je parle de se désidentifier du mental :

« si je ne suis pas le mental, que suis-je ? ». **Qu'est-ce que « moi » ?** Quelle est l'équation « moi = … » ?

Remarquons tout d'abord que cette pensée est encore un mouvement du mental qui essaie de trouver la vérité à travers les concepts et de revenir dans une équation « pensée = vérité ». Nous revenons à la chosification qui est rassurante pour le mental, mais qui peut nous enfermer dans la pensée, qui reste limitée, relative, contextuelle et partielle.

Pour répondre à la question, nous pourrions essayer de regrouper notre moi, en tant qu'individu, en différentes variables. Par exemple, « Moi = corps + mental + affects + comportements ». Cela ressemble aux analyses fonctionnelles des psychologues scientifiques, mais aussi à la façon dont le Bouddha a formulé l'individu en Cinq agrégats (corps, ressenti agréable ou désagréable, perception mentale, formations mentales (volition, pensée et réaction), conscience sensorielle). Toutefois, cette analyse reflète toujours quelque chose d'impermanent.

La vacuité libère de la fausse identité

Pour ne pas revenir dans *ditthi*, c'est-à-dire une prise de position ou une pensée solidifiée ou une opinion, la perspective bouddhiste est de ne pas répondre par un concept, mais par l'expérience elle-même. Nous pourrions certes répondre que « Moi = 0 » ou « Moi = vide » ou vacuité, qui correspond au concept pali « *suññata* » (prononcé « sunyata »), mais ce serait encore courir le risque de partir dans la pensée et de se couper de la réalité. Nous pourrions plutôt laisser l'équation ouverte « Moi = ». C'est demeurer dans l'Ouverture infinie, l'Accueil. Puisque nous ne sommes rien que l'on puisse attraper pour de bon, nous sommes tout.

L'extinction de cette recherche mentale ou de cette volonté avide de comprendre intellectuellement ce qui ne peut être compris intellectuellement nous donne un profond soulagement et un sentiment de sécurité. En lâchant prise de l'évitement de l'insécurité conceptuelle, nous nous dissolvons dans une sécurité incomparable. Incomparable, car il n'y a absolument plus de choses, concepts ou stimuli mentaux à comparer. Tout ne fait plus qu'un dans cette réalité non symbolique indifférenciée. C'est la Saveur unique pour reprendre cette expression que l'on retrouve dans le Mahamoudra ou le Zen.

De même, les questions existentielles relatives au cadre conceptuel de l'individu ne s'appliquent plus, comme la naissance ou la mort. Dans le vide du « Moi = . », n'étant rien de définissable dans notre essence, nous ne renaissons plus, car n'étant jamais né, nous ne mourrons plus non plus. C'est le Non-né (*ajata*) ou la Non-Mort (*amara* ou *amata*). Bien sûr, nous voyons la naissance et la mort du corps, du mental, des affects et des comportements extérieurs, qui constituent l'individu. Mais nous ne sommes pas l'individu dans la mesure où nous ne nous situons pas au sein de ces variables. Nous pouvons donc être momentanément libres des mécanismes qui les régissent.

Il est important de nuancer les choses ici. Nous pouvons parler de façon absolue à partir de cet Absolu vide non conceptuel… Mais de façon partielle, nous restons également un individu avec un corps, un mental, une naissance et une mort. Aussi, tous les mécanismes corporels et psychologiques s'appliquent. Si l'on regarde lors d'une journée, ils s'appliqueront peut-être moins à certains moments en fonction de là où on demeure intérieurement. Mais il ne faut pas se méprendre et imaginer un Absolu qui nous transforme en un dieu au-delà de ce monde. Nous sommes à la fois *hors du* monde de ces phénomènes lorsque nous sommes cette dimension ouverte et vide, mais *dans* le monde phénoménal, lorsque nous devons nous identifier, ne serait-ce que momentanément, au corps et au mental, pour décider, prendre position, réagir (l'agrégat *sankhara)*. Il peut même y avoir un peu des deux, des mécanismes ou des enchaînements causaux et un peu de libération (*vimutti*) faite de vide (*suññata*) et de potentialité. Gardons-nous d'une pensée dichotomique sans nuances. La pleine conscience des mécanismes qui nous renferment à travers la solidification d'idées en position personnelle ou identité permet dans tous les cas plus d'Ouverture.

Vertueux

Ce mot « *silava* » se trouve parfois dans la première ou deuxième ligne dans les textes, comme si les contextes précédent et suivant étaient sans rapport. Le Commentaire pali explique que c'est une qualité du Saint, vertueux de façon « supramondaine », c'est-à-dire sans aucune souillure restante qui viendrait entacher son mental. Cette interprétation présente l'avantage d'être un bel idéal vers lequel la pratique peut s'orienter. Elle peut être aussi décourageante si le mental commence à juger des mouvements de l'esprit comme étant des souillures à éliminer.

Une autre interprétation possible est de rattacher cette qualité de vertu à l'absence d'attachement aux opinions (*ditthi-upadana*) vu précédemment. Cette non-fixation peut nécessiter une certaine retenue qui peut demander un peu de vigilance. Dans le bouddhisme, la vertu (sīla) va plus loin que d'adhérer à un ensemble de préceptes moraux sur ce qui est bien ou mal. La vertu conduit à exercer la maîtrise de soi et la pratique de la vue sage, y compris le non-attachement aux opinions. La fixation sur les opinions est considérée comme une source de souffrance. Les opinions sont influencées par des désirs de rester cohérent, des aversions contre ce qui contredit nos repères mentaux et des jugements personnels. Elles peuvent renforcer l'illusion du moi et par suite l'opposition entre moi et autrui (ce qui est appelé pensée dualiste dans le Mahayana non-dualiste). Par conséquent, développer la vertu dans le bouddhisme inclut la pratique de la non-fixation sur les idées, qui précède le fait de parler et donc l'entraînement à la Parole juste (cf. supra). Cela peut aussi être considéré comme une expression de sagesse, car ce non-attachement évite de développer une fixation rigide sur des règles religieuses ou morales lorsqu'elles créent de la souffrance. Rappelons-nous que la vertu vise à ne pas nuire à soi-même ou aux autres. Ce ne sont pas des commandements venus d'un dieu ou d'une autorité extérieure à laquelle il faudrait obéir. Sur le plan des relations interpersonnelles, la non-fixation sur les idées évite également les conflits et la souffrance, comme le rappelle le Bouddha dans ce sutta sur la guerre verbale :

« Ne menez pas une guerre verbale en disant :
« Vous ne comprenez pas ce Dhamma et cette discipline, moi, je comprends ce Dhamma et cette discipline » ;
« Comment pourriez-vous le comprendre ? Vous êtes tombés dans de mauvaises pratiques : moi, j'ai la bonne pratique » ;
« Vous avez dit après ce que vous auriez dû dire en premier, et vous avez dit en premier ce que vous auriez dû dire après » ;
« Ce que je dis est cohérent, ce que vous dites ne l'est pas » ;
« Ce que vous avez exprimé si longtemps est entièrement le contraire » ;
« Votre déclaration est réfutée » ; « Vous dites des sottises » ; « Vous avez tort » ; « Sortez de là si vous le pouvez ! »
« Pourquoi ne devriez-vous pas faire cela ? Parce que de tels discours n'ont aucun rapport avec le but, ils ne sont pas fondamentaux pour la vie sainte, ils ne conduisent pas au désenchantement, à l'impartialité, à la cessation, à la tranquillité, à la connaissance supérieure, à l'illumination ou au Nibbana.
Quand vous avez des discussions, vous devriez discuter de la Souffrance, de l'apparition de la Souffrance, de sa Cessation et du Chemin qui mène à sa Cessation. »

— (SN 56.9, Viggahika Sutta)

Si vous fréquentez des réseaux sociaux à caractère politique, peut-être penserez-vous que ce discours de 2500 ans n'a pas pris une ride. La pratique de cette vertu peut donc modérer toute notre vie et nos relations sociales pour revenir à la paix et à la clarté de l'esprit.

Avec une vision parfaite

Vipassana et la compréhension des mécanismes et caractéristiques de l'existence

La non-fixation sur les idées n'est pas une autre règle morale et mentale à respecter, mais implique d'avoir une vision claire de ce qui se passe en nous (*vipassana*) dans le présent. L'expression du pali « *dassanena sampanno* » est ainsi souvent traduite par « avec compréhension » (ou *insight* en anglais). *Dassanena* veut dire « avec vision » et *sampanno* « être doté de, accompli, achevé ou excellent ». C'est un adjectif utilisé pour décrire quelqu'un qui a atteint un haut niveau de compétence, de réalisation ou de perfection dans un domaine particulier. Nous l'avons traduit littéralement par « avec une vision parfaite ».

Voir clairement est un objectif de vipassana. La sagesse se nourrit d'une « vision parfaite », car cette conscience lucide et claire nous permet de voir ce qui se passe en nous et de distinguer les causes des mouvements cognitifs et affectifs de l'esprit et leurs effets. Ainsi, nous apprenons en observant le fonctionnement de l'esprit. La méditation *vipassana* est souvent promue pour améliorer notre compréhension profonde des Trois Caractéristiques de l'Existence : l'impermanence (*anicca*), la souffrance lorsqu'on est avide (*dukkha*), et la caractéristique de ce qui n'est pas soi (*anattā*). Cela implique dans tous les cas de pouvoir observer ses pensées comme n'étant pas soi (*anatta)* et impermanentes (*anicca*).

Dans cette perspective, la compréhension (ou l'*insight)* porte sur les objets de l'attention qui apparaissent et disparaissent de la conscience, autrement dit ce que nous ne sommes pas (*anatta)*.

Être pure conscience et intégrer la transcendance

Il existe une autre interprétation possible qui porte sur le fait de simplement « voir » ou d'être conscient, sans le filtre de la pensée. Être simplement conscient, en étant libre du filtre du langage et de la pensée, c'est commencer à distinguer la simple conscience qui reçoit les stimuli, du mental qui les reconnaît (*sañña*) et les interprète. C'est ce que souligne le célèbre enseignant de méditation thaïlandais, Ajaan Thate Desaransi en distinguant cette simple conscience du mental[1].

> *« La conscience et le mental ont des caractéristiques différentes. Le mental est ce qui pense, formant des perceptions et des préoccupations au point de s'accrocher, de les retenir pour*

1. Dans la tradition thaïlandaise de la forêt, le mot conscience (*citta* en pali) est parfois traduit par le mot « *cœur* ». Nous avons remplacé ici le mot cœur par conscience pour ne pas confondre justement avec le cœur émotionnel qu'il n'est pas, c'est-à-dire les émotions et l'attachement.

lui-même. Lorsqu'il voit la souffrance, le mal et le stress qui découlent de la saisie de toutes les souillures, il se retirera de toutes les préoccupations et souillures. Le mental deviendra alors la conscience. Voilà en quoi la conscience et le mental diffèrent. »

Dans cette perspective, ce n'est pas le contenu qui définit la conscience. Autrement dit, ce n'est pas l'objet ou le stimulus qui apparaît au sein de l'espace de réception du stimulus qui définit cet espace que l'on nomme ici conscience. La conscience est neutre et donc calme :

« *La conscience est ce qui est neutre et calme. Elle ne pense absolument à rien. Elle est simplement consciente de son immobilité. La conscience est un phénomène vraiment neutre ou central. Neutre, sans passé, sans futur, sans bien, sans mal : voilà la conscience. Lorsque nous parlons de la conscience de quelque chose, nous faisons référence à son centre.* »[1]

De même, Ajahn Mun[2], qui a revigoré la tradition méditative de la forêt en Thaïlande, ne dit pas autre chose en parlant de la source de l'esprit et de l'esprit primaire, immuable :

1. Buddho by Phra Ajaan Thate Desaransi. Traduit du thaï en anglais par Thanissaro Bhikkhu. Traduit en français par l'auteur.
2. Prononcé « Mane » en français.

« Une fois que nous avons percé le voile de l'inconstance, la source de l'esprit cesse de créer des problèmes. Tout ce qui reste, c'est l'esprit primaire, vrai et immuable. Connaître la source de l'esprit apporte la libération de toute inquiétude et de toute erreur. »

Un de ses disciples, Louang Po Dune (ou Doun) résumait les Quatre nobles vérités comme étant une sortie de la source de l'esprit.

« L'esprit envoyé à l'extérieur est la cause de la souffrance ;
Le résultat de l'esprit envoyé à l'extérieur est la souffrance ;
L'esprit qui voit l'esprit est le chemin vers la cessation de la souffrance ;
Le résultat de l'esprit qui voit l'esprit est la cessation de la souffrance. »[1]

Tous les célèbres enseignants (Ajahns en thaïlandais) parlent ainsi de l'esprit éveillé (*buddho*). Ce n'est pas simplement l'expérience de ces illustres enseignants de méditation, mais c'est aussi la perspective du Bahiya Sutta lorsque le Bouddha enseigne à Bahiya :

1. "Gifts He Left Behind: The Dhamma Legacy of Ajaan Dune Atulo", compiled by Phra Bodhinandamuni, translated from the Thai by Thanissaro Bhikkhu. Access to Insight (BCBS Edition), 24 November 2013, http://www.accesstoinsight.org/lib/thai/dune/giftsheleft.html . Traduit en français par l'auteur.

« Dans ce qui est vu, il n'y aura que ce qui est vu ;
dans ce qui est entendu, il n'y aura que ce qui est entendu ;
dans ce qui est perçu, il n'y aura que ce qui est perçu ;
dans ce qui apparaîtra à la conscience, il n'y aura que ce qui apparaîtra à la conscience'.
Tu devrais t'entraîner ainsi, Bahiya. Lorsque pour toi dans ce qui est vu, il n'y aura que ce qui est vu, dans ce qui est entendu, il n'y aura que ce qui est entendu, dans ce qui est perçu, il n'y aura que ce qui est perçu, dans ce qui apparaîtra à la conscience, il n'y aura que ce qui apparaîtra à la conscience,
alors il n'y aura pas de 'toi' par rapport à cela.
Lorsqu'il n'y aura pas de 'toi' par rapport à cela, il n'y aura pas de 'toi' à cet endroit.
Lorsqu'il n'y aura pas de 'toi' à cet endroit, il n'y aura pas de 'toi' ni ici, ni là-bas, ni entre les deux.
Ceci est la fin de la souffrance. »

— *(Udana 1.10, Bahiya Sutta)*

Ce sutta décrit bien l'immédiateté du moment présent, sans rien y ajouter. Aucun « moi » n'est créé dans cette conscience immédiate. Il n'y a que ce qui est perçu et rien d'autre. La pensée n'interfère pas, notamment la pensée « moi ». Cela découle logiquement du non-attachement à la perception conceptuelle (*sañña*) et de la non-identification aux réactions mentales (*sankhara*) à cette perception. La non-identification à ce qui est perçu, ou à ce qui perçoit, désactive la création d'un « moi » qui s'attache à ce qui est perçu, ou à un « moi » qui perçoit. Il n'y a pas un « moi » qui se crée par rapport à quoi que ce soit. Rien ne vient susciter l'apparition d'un « moi » pour faire quelque chose de cette perception. Il n'y a donc pas d'approbation ou de rejet, pas de réaction affective et de positionnement par rapport à une chose. De même, entre la chose perçue et le sujet percevant, c'est-à-dire « entre les deux », il n'y a pas d'identification à la relation mentale qui peut s'établir entre, d'une part, quelque chose de perçu et, d'autre part, un « moi » construit par ce qui aime ou n'aime pas, ou ce qui veut quelque chose ou ne veut pas quelque chose (préférences et volition, ou en pali : *sañña* et *sankhara*). Ainsi, la relation mentale qui s'établit dans l'acte même de percevoir se libère et se dissout dans cette simple conscience de la réalité nue que nous sommes. En somme, il n'y a pas de sujet, pas d'objet, et donc pas de relation entre les deux.

Voir à partir de cette conscience sans filtre restitue fidèlement la réalité. Elle ne fait qu'un avec la réalité, dans la mesure où il n'y a plus de sujet et d'objet. C'est la conscience non-duelle ou la Réalité elle-même puisqu'il n'y a plus momentanément de fixation et de reformation d'un moi, ou d'un objet ou de relation entre les deux. En arrêtant de se situer ou de se positionner dans un sujet pensant ou percevant, ou dans un objet pensé ou perçu, ou dans la relation entre ces deux choses construites mentalement, tout est indifférencié et ne fait qu'un.

La conscience des pensées n'est pas faite de pensées. Elle est d'une nature distincte. Cette nature de la conscience est claire et limpide comme l'eau pure, car elle ne comporte aucune impureté, aucun contenu en elle-même. L'essence de l'eau est résumée chimiquement par la molécule H_2O. Si autre chose s'y ajoute, nous pouvons retourner par purification à la molécule originelle. C'est la même chose pour la pure conscience. Pour distinguer conceptuellement les choses, on peut parler de « pure conscience » pour parler de cette conscience qui n'est pas, en elle-même, faite de pensées, d'émotions ou même de conditionnements. Dans l'expérience, elle est comme un espace vide où tous ces contenus et processus ont lieu. N'être que cette conscience nous affranchit momentanément des pensées, des réactions affectives et des conditionnements. Comme dans l'exemple de l'eau, il existe toutefois des degrés de pureté en fonction de l'influence que ces contenus et processus ont. Plus l'expérience de la pure conscience est claire et profonde, moins ces processus ont d'influence.

Maîtrisant l'avidité pour les plaisirs sensuels

Cette phrase met en avant la pratique de la maîtrise de soi et de la modération. « Gedhā » en pali signifie « la faim » ou « la soif ». C'est un terme qui fait référence à l'état de désir ou de besoin de nourriture ou de boisson. La faim ou la soif (*tanha*) est souvent utilisée comme métaphore du désir avide et insatiable, et de la fixation (*upadana)* qui en résulte. Cela crée un état de tension qui obscurcit le contentement naturel de l'esprit. Discipliner cette faim (*vineyya gedhaṁ*) implique de ne pas se laisser dominer par les désirs avides comme le désir sensuel et de développer une plus grande maîtrise de nos impulsions.

Rappelons-nous ici que ce qui est nommé avidité, faim ou soif, repose sur une chosification. Ce processus emprisonne notre perception dans une relation entre une *chose* vulnérable (nous-mêmes) et d'autres *choses* qui pourraient nous rendre moins vulnérables ou nous apporter diverses expériences plaisantes. Cette relation entre deux choses rend possible une crispation, qui se ressent d'abord dans notre attention et notre volonté, puis à travers le corps.

Il en va de même pour l'aversion et la colère qui ne sont que le corollaire logique de cette volonté avide dès que l'on n'obtient pas ce que l'on veut. L'aversion est simplement la polarité opposée. Dès que nous voulons quelque chose, nous créons mentalement ce que nous ne voulons pas. Rappelons-nous que les deux, l'avidité et l'aversion, vont ensemble dans cette relation de saisie et d'agrippement (*upadana*). Cultiver la bienveillance implique donc un détachement vis-à-vis de cette polarité affective et de l'avidité qui crée des relations tendues entre les individus. La paix intérieure qui découle de la maîtrise de l'avidité crée un terreau favorable à des relations positives avec les autres.

Pure conscience et attention avide

Cette relation avide, voire automatique et incontrôlable, ou son opposé c'est-à-dire l'aversion ou le refus apparaissent en rapport avec des stimuli qui capturent notre attention.

Ils empêchent notre attention de rester avec cette simple vision, nue, claire, transparente, sans « moi ». Le moment où l'attention se focalise sur une chose, un stimulus peut être une distraction de la pure conscience. Cette focalisation implique la reconnaissance mentale (*sañña*) ou perception mentale qui fait appel à la mémoire. Cette mémoire peut être uniquement cognitive (sémantique), mais est souvent reliée à une mémoire également affective (les préférences), c'est-à-dire plaisante ou déplaisante. C'est cette mémoire affective qui donne de l'importance aux choses mémorisées. La réalité n'est alors plus indifférenciée, car un objet limité semble exister et avoir une signification affective.

La perception mentale catégorise l'expérience pour la reconnaître et ce faisant, peut la réduire uniquement à sa dimension conceptuelle. Dans ce moment même, l'attention chosifie la réalité et nous-mêmes, comme l'écrit le célèbre enseignant de méditation thaïlandais, Ajahn Mun :

> *« L'esprit va mal parce qu'il fait confiance à ses*
> *perceptions mentales (sañña).*
> *Attaché à ses préférences,*
> *il quitte ce plan d'être,*
> *en errance, jusqu'à en avoir le vertige,*
> *en s'oubliant soi-même,*
> *complètement obscurci à lui-même. »*[1]

1. "The Ballad of Liberation from the Khandhas", by Phra Ajaan Mun Bhuridatta Mahathera, traduit de l'anglais par l'auteur, traduit du thaï par Thanissaro Bhikkhu. Access to Insight, 2 November 2013, http://www.accesstoinsight.org/lib/thai/mun/ballad.html

Le désir avide et compulsif de plaisirs est un des mécanismes qui peut nous empêcher de demeurer en tant que pure conscience lorsque nous nous situons dans ce désir. Nous sortons de nous-mêmes en tant que pure conscience pour aller chercher une chose, autre chose, que cette non-chose que nous sommes. Nous nous perdons de vue en tant que pure conscience, au moins momentanément.

Cela nous coupe du contentement naturel de la pure conscience, de sa béatitude. Car cette conscience, que nous sommes fondamentalement, ne recherche rien. Elle ne veut rien. Et parce qu'elle ne veut rien, elle est libre de tout. Elle est libre aussi des affects. Elle n'a pas besoin de la recherche de plaisirs pour vivre le contentement. C'est même l'inverse. La recherche de plaisirs présuppose une insatisfaction qui donne naissance à un désir de vivre autre chose, que l'on peut qualifier de renaissance. Pour cette raison, le Bouddha identifie cette soif (*tanha*) de plaisirs sensuels comme une cause de la souffrance dans la « seconde noble vérité » des quatre nobles vérités.

Pour autant, ces mécanismes existent chez l'être humain et même tous les êtres vivants. L'attraction et la répulsion sont des mécanismes affectifs qui existent dans toute forme de vie. C'est ce qui assure la survie d'un organisme. Il peut paraître illusoire d'espérer que ces mécanismes cessent (pour faire référence à la cessation, *nirodha*) pour ne laisser qu'une pure conscience. En effet, elle peut se perdre de vue, dès lors que l'attention est accaparée par de très nombreuses choses à faire par un « moi » qui planifie, organise, distingue, mémorise ce qui est plaisant ou déplaisant, et ainsi choisit, préfère, recherche, rejette, … et se solidifie dans ces processus de perception mentale, d'action et de réaction. Ces préoccupations personnelles nous réindividualisent.

Alors que voulait dire le Bouddha lorsqu'il parlait de la fin de l'action (*kamma*) ou d'être libre des agrégats d'attachement (*khanda*) comme la perception mentale (*sañña*) ou le positionnement (*sankhara*) ou les ressentis affectifs (plaisant ou déplaisant) (*vedana)* ? Lorsque l'on vit à partir de la pure conscience, il semble pourtant qu'il y a une réelle liberté par rapport à ces agrégats qui ne sont pas vus comme « moi », mais comme des processus impersonnels qui ont lieu automatiquement, sans que l'on y prenne part. On est simplement témoin que cela a lieu. Ce sont les choses telles qu'elles ont lieu, le dhamma ou le dharma. Nous pouvons le constater, le voir, sans se sentir bernés et piégés par elles. C'est la fin d'une certaine illusion, ignorance ou une obscurité (*moha*) qui nous enchaîne à ces mécanismes. Plus nous demeurons en tant que pure conscience, plus cela paraît clair, limpide, évident.

Ce qui peut cesser, dans le présent, c'est l'identification fondamentale de nous-mêmes à ces mécanismes. Ce n'est pas une autre pensée qui dirait « je ne suis ni le corps, ni le mental ». Mais un vécu direct du corps et du mental, en bref l'individu, comme n'étant « pas moi » (*anatta),* mais simplement un ensemble de mécanismes cognitifs, émotionnels et comportementaux qui font apparaître un sentiment de soi séparé. C'est le vécu de ne pas être une entité ou une chose parmi d'autres choses, mais être l'éveil impersonnel, l'esprit éveillé, *buddho*, au-delà des limites du corps et du mental. D'où l'importance d'apprendre à libérer notre attention et de vivifier le vécu de notre pure conscience.

On ne devrait jamais renaître dans le cycle de la souffrance

Cette dernière phrase évoque la libération spirituelle et la fin du cycle de renaissances. Elle pointe vers le goût de la paix profonde, d'une paix qui se satisfait d'elle-même, du contentement, de la soif assouvie ou de la faim rassasiée.

Le concept bouddhiste de renaissance peut être compris de façon littérale et métaphysique ou de façon plus psychologique ou métaphorique. Dans les deux cas, c'est bien le cycle de la souffrance dans lequel on ne souhaite pas renaître.

Du point de vue littérale et métaphysique, la renaissance dans le bouddhisme et l'hindouisme est un cycle de naissance, de mort et de renaissance physiques appelé *samsara*.

Puisqu'il n'y a pas de « moi » individuel substantiel et permanent (*anatta)*, ce qui renaît n'est pas une âme, comme dans l'hindouisme, mais peut être vu comme un flux d'énergie ou plus précisément les Cinq agrégats en fonction de nos actions (kamma).

Ce cycle du *samsara* est fait d'insatisfactions et de frustrations, surtout au temps du Bouddha il y a 2500 ans, qui nous soumettent à la douleur physique, la maladie, la mort et la souffrance causée par la séparation avec tout ce qui nous est cher. Depuis cette époque, la vie semble parfois plus confortable et moins douloureuse. Ainsi, parmi les bouddhistes qui croient en la renaissance, l'idée d'une autre vie plus heureuse est parfois réjouissante ou rassurante. Et l'idéal de ne plus renaître est repoussé à bien plus tard, lorsqu'une lassitude suffisante se sera installée !

Bien que certains rares bouddhistes se remémorent des vies passées, pour la majorité des gens, la renaissance, dans son sens littéral, reste une croyance, difficilement vérifiable[1]. Beaucoup de bouddhistes occidentaux y sont agnostiques ou considèrent cette perspective comme une hypothèse peu vérifiable par soi-même, sans avoir à la considérer comme vraie ou fausse. Cette hypothèse peut d'ailleurs être intéressante pour relativiser et accepter les malheurs de cette existence individuelle et la replacer dans une perspective beaucoup plus vaste. Cela ne les empêche pas non plus de garder un grand intérêt et un enthousiasme pour la psychologie et la méditation bouddhistes permettant de comprendre et de transformer l'expérience de la souffrance et du bonheur au sein de nos vies présentes.

Du point de vue psychologique, dans cette vie même, le processus de renaissance repose également sur la recherche insatiable et avide de plaisirs. Elle présuppose une insatisfaction qui donne naissance à un désir de vivre autre chose. Le *samsara* est associé à un cycle de recherche perpétuelle du bonheur et de l'évitement du déplaisant, mais qui finit souvent par aboutir à une insatisfaction et à une déception constantes. Le samsara est donc une activité mentale qui apporte des états de renaissance perpétuelle motivée par l'évitement ou la lutte avec ce qui est perçu comme déplaisant. Nous renaissons de façon compulsive et peu consciente dans différentes activités en maintenant ainsi

1. Il existe toutefois de nombreux témoignages et des concordances. Le psychiatre Ian Stevenson, par exemple, a écrit plusieurs livres étudiant le cas d'enfants qui se souviennent de leurs vies antérieures. Voir également ANALAYO, Bhikkhu. Rebirth in early Buddhism and current research. 2018.

une base d'insatisfaction constante par rapport au moment présent. C'est une tendance humaine à se perdre dans la pensée, à s'identifier avec le mental et à vivre dans un état d'insatisfaction mentale constante. Ajahn Sumedho décrit le samsara comme une relation identifiée aux pensées qui sont prises pour la réalité elle-même :

> *« Le samsara, c'est être attaché et souffrir. Dans cet état, nous disons des choses comme : « J'aimerais bien ne pas penser comme cela. J'aimerais bien que ces problèmes disparaissent. Je ne veux pas de ceci. J'ai peur de cela. Je n'aime pas ceci. Je ne devrais pas être comme ceci. Tu ne devrais pas être comme cela. » Voilà le samsara : toutes ces petites voix qui hurlent, possessives, effrayées et avides. Quand on est attaché à tout cela, c'est le samsara. Le samsara est le monde de la souffrance. Le nibbana est le monde de la libération de la souffrance par le non-attachement. Quand nous prenons conscience que tout ce qui se passe dans notre esprit, négatif ou positif, critique ou affirmatif, n'est qu'une pensée (impermanente), c'est l'esprit de Bouddha, c'est le nibbana. »*[1] *(p.92)*

Ces désirs sont souvent basés sur des illusions, des attentes exagérées ou une quête d'un bonheur permanent.

---

1. Ajahn Sumedho, trad. Jeanne Schut, L'esprit et la Voie : Une introduction au bouddhisme et à sa pratique ; Langue. Français ; Éditeur. SULLY , 2022.

Dans l'effort de réaliser ces désirs, les individus s'engagent dans la poursuite d'expériences, de possessions ou de relations qui sont censées apporter ce bonheur. Cela peut conduire à une concentration intense sur la réalisation de ces objectifs et parfois beaucoup de tensions et de stress. Parfois, ces désirs peuvent être satisfaits temporairement, ce qui peut apporter un sentiment de contentement. Cependant, cette satisfaction est souvent de courte durée, car elle est basée sur des conditions extérieures changeantes (*anicca*). Tôt ou tard, les conditions changent, les désirs non satisfaits réapparaissent ou la satisfaction initiale s'estompe. Cela conduit à l'insatisfaction, à la souffrance et à la désillusion, car le bonheur espéré n'a pas été durable. Un nouveau désir peut alors émerger dans l'espoir de mettre fin à la souffrance causée par la désillusion précédente. Ce cycle sans fin recommence alors avec une nouvelle illusion du bonheur.

Le Bouddha propose des pratiques telles que la pleine conscience et la compréhension de la nature éphémère de toutes les expériences pour briser ce cycle d'illusion et atteindre un état de contentement et de sérénité intérieure plus stable et davantage protégé des circonstances extérieures fluctuantes. Ce détachement et cette liberté face au samsara sont des moments de paix dans lesquels cette recherche mentale insatiable compulsive, inconsciente et vouée à l'insatisfaction, cesse.

III.

MEDITATIONS ET PRATIQUES DE BIENVEILLANCE INCONDITIONNELLE ET UNIVERSELLE

« Même s'il aime citer beaucoup de textes sacrés,
L'homme inconscient qui ne les met pas en pratique lui-même,
N'aura aucune part aux bienfaits de la vie contemplative,
Tout comme un vacher qui ne ferait que compter les vaches des autres. »

Dhammapada, 19

« Les canalisateurs canalisent l'eau,
Les archers fabriquent des flèches,
Les charpentiers travaillent le bois,
Les sages entraînent leur esprit. »

Dhammapada, 80.

1. Qu'est-ce qu'une pratique ?

Ce que l'on appelle « pratiques » dans le bouddhisme Theravada consiste simplement à « mettre en pratique » l'enseignement. Cela comporte souvent de la répétition pour apprendre à l'intégrer. En d'autres termes, après la théorie, la pratique ! C'est d'ailleurs parfois présenté en trois étapes dans les textes bouddhistes :

1. d'abord l'étude intellectuelle (*pariyatti)* de la théorie, des enseignements écrits ou oraux à travers les suttas, les discours du Bouddha, pour comprendre intellectuellement et réfléchir à ses conseils de vie,
2. puis la mise en pratique des enseignements (*patipatti*),
3. qui mènent à la compréhension vécue directe (*pativedha*) et libératrice des mécanismes de la souffrance.

Passons donc à la pratique (*patipatti*) !

Différents modes d'engagement dans le développement d'un esprit bienveillant

Comment met-on en pratique la bienveillance ?

1. Cela peut se faire tout d'abord dans l'action au quotidien. C'est par exemple suivre les conseils **comportementaux** du Karaniya Metta Sutta dans nos interactions, à travers nos gestes et nos paroles. L'étude des textes nourrit notre réflexion

pour provoquer des prises de conscience sur nos comportements de la journée comme la politesse, la courtoisie, les actes de gentillesse, l'impact de nos paroles et de nos gestes.

2. Cela peut se faire aussi plus en amont **sur le plan cognitif et émotionnel** pour nourrir des émotions de bienveillance, de tendresse, d'amour, avec lesquelles nous pouvons rester. Si nous en sommes imprégnés intérieurement, cela se traduira extérieurement en actes. C'est ce qui est généralement appelé des **« méditations » (bhavana)** pour cultiver un état d'esprit, de durées courtes à longues :
   - Certaines phrases lues, ou dont on se souvient par des petits rappels, ou mémorisées puis récitées, induisent des développements très courts d'états d'esprit bienveillants qui « assaisonnent » notre journée.
   - Sur un temps un peu plus long, des méditations guidées par la voix de quelqu'un peuvent induire ces états cognitifs et émotionnels.
   - Et sur une durée encore plus longue, des méditations non-guidées peuvent permettre de lâcher davantage le mental pour s'absorber dans l'état émotionnel agréable et calme de la bienveillance ou de l'amour universel.

La mise en pratique dans l'action et à travers des méditations guidées sont bien connues. En revanche, les pratiques de mémorisation et de récitation d'un texte et le phénomène d'absorption méditative seront explicitées avant de voir les textes qui s'y rapportent.

Exemple de routine quotidienne bouddhiste

Cette pratique méditative de bienveillance peut s'insérer dans une routine quotidienne. Si vous débutez dans une pratique quotidienne formelle bouddhiste, vous pouvez commencer par une récitation des préceptes (contenus dans le commentaire du verset 1), puis les textes du Metta Sutta et les autres textes sur Metta (partie III.5) ainsi que d'autres récitations courantes comme l'hommage au Bouddha ou les Trois refuges. La récitation se fait les mains jointes au niveau du cœur.

L'esprit est alors suffisamment posé pour continuer la pratique avec une méditation de pleine conscience assise ou en marchant. Cela réaffirme l'importance de la conscience accueillante non réactive et entraîne votre attention à être plus libre.

La pratique peut se finir par des remerciements ou une dédicace de la pratique à tous ceux que vous voulez ou à tous les êtres.

2. Pourquoi pratiquer ?

Tout le monde peut en bénéficier

Tout le monde peut bénéficier du développement de la bienveillance (*mettā bhāvanā*) et jouir des bienfaits énumérés en introduction.

Une méditation facile et agréable

C'est une méditation plutôt facile. Elle donne un état agréable et plaisant qui nous procure de la joie au quotidien.

Cette méditation lorsqu'elle est approfondie peut nous mener aux absorptions méditatives ou immersions marquées au début par le plaisir corporel et mental puis de plus en plus par un calme très profond et équanime, comme nous le verrons à la Partie III.5.4 sur les absorptions méditatives. Nous ressentons alors un état de béatitude. Ce sont des états plaisants très raffinés qui modifieront la hiérarchie de nos préférences et nos choix de plaisirs, probablement de moins en moins addictifs et davantage choisis consciemment. Nous avons effleuré ce sujet au verset huit du Metta Sutta lorsque l'on plonge dans l'émotion de bienveillance. Nous verrons dans la partie III.5.5 une méthode destinée à rentrer dans les cinq états d'absorption et les prolonger.

Des changements progressifs suite à la méditation de bienveillance

Il est préférable de ne pas attendre de changements radicaux et rapides, mais des changements progressifs qui au début pourront passer totalement inaperçus. Un article de recherche[1] évalue, à partir d'un modèle statistique,

1. BOWLES, Nicholas I., DAVIES, Jonathan N., et DAM, Nicholas T. Van. Correction to: Dose–response Relationship of Reported Lifetime Meditation Practice with Mental Health and Wellbeing: a Cross-sectional Study. Mindfulness, 2023, p. 1-3.

que le temps nécessaire en moyenne pour réaliser un changement cliniquement pertinent, sans différencier les différents types de méditation, serait de 160 heures pour la détresse psychologique, de 195 h pour l'affect positif, 650 h pour l'affect négatif, 270 h pour un équilibre affectif et 160 h pour la satisfaction de la vie, selon les déclarations de 1668 participants représentant une moyenne de 1095 h de pratique. Selon notre expérience, nous en ressentons des effets au bout de quelques mois et des effets plus stables au bout de deux ans de développement quotidien. Si l'on pratique en retraite intensive de méditation, l'effet sera bien sûr plus rapide en termes de jours.

Si vous êtes pratiquant du bouddhisme Mahayana

Si vous êtes pratiquant du bouddhisme Mahayana, il se peut que vous doutiez de l'intérêt d'une pratique issue du bouddhisme Theravada, la Voie (*vada*) des Anciens (*thera*), souvent associée de façon erronée au terme péjoratif d'« Hinayana » (littéralement « le véhicule inférieur » ou « bas » et non « petit véhicule » qui utiliserait le mot « cula », petit).

Même si le Metta Sutta provient du bouddhisme Theravada, les enseignements de la bienveillance et de la compassion sont des valeurs fondamentales partagées par toutes les traditions bouddhistes. Le Metta Sutta enseigne des principes universels de bienveillance envers tous les êtres vivants, sans distinction.

Ces enseignements sont en harmonie avec les idéaux altruistes de compassion et d'amour universel particulièrement mis en avant dans la tradition du Mahayana. Cette pratique est d'ailleurs complètement incluse dans le Mahayana sous le nom de *bodhicitta* (littéralement l'esprit d'éveil) qui représente le souhait d'atteindre l'illumination pour le bénéfice de tous les êtres. La pratique de la bienveillance et de la compassion envers tous les êtres est l'une des expressions les plus puissantes de cet idéal. Les noms changent, mais contiennent le même enseignement : l'appellation les « Quatre Demeures Divines » est plus utilisée dans le Theravada alors que les « Quatre Incommensurables » sont plus connus dans le Mahayana[1].

Les courants du bouddhisme tibétain, Vajrayana, du Mahamudra et du Dzogchen par exemple les incluent et pratiquent à la fois la *bodhicitta* relative (en tant qu'individu) et absolue (en tant que conscience éveillée).

La bodhicitta relative se réfère à l'aspiration et à l'engagement à atteindre l'éveil pour le bien de tous les êtres sensibles. C'est une attitude altruiste, empreinte d'amour et de compassion envers tous les êtres, qui motive un pratiquant à poursuivre la voie de l'éveil pour aider les autres à se libérer de la souffrance. Il existe deux formes de bodhicitta relative : la Bodhicitta Aspirationnelle qui est le désir sincère et l'engagement intérieur de devenir un Bouddha pour le bien de tous les êtres, même si on

1. Terme que l'on trouve également en pali, « *catasso appamaññā* », dans le canon pali, par exemple : DN33, Sangiti Sutta. Ce terme indique qu'il n'y a plus de limites entre les êtres dans le développement de la bienveillance, de la compassion, de la joie pour les succès d'autrui ou dans l'équanimité.

n'a pas encore réalisé pleinement l'éveil, et la Bodhicitta Engagée qui est le passage à l'action, l'engagement actif dans la pratique des paramitas (vertus transcendantales) et d'autres moyens pour atteindre l'éveil.

Si vous avez déjà aperçu la nature fondamentale de l'esprit

La bodhicitta absolue, en revanche, fait référence à la nature même de l'esprit ou à la réalité ultime. Dans le contexte du Dzogchen et de certaines écoles du Vajrayana, la bodhicitta absolue est souvent identifiée avec la nature fondamentale de l'esprit, qui est considérée comme intrinsèquement éveillée et libre de dualité. C'est la reconnaissance directe de cette nature fondamentale qui éveille. Contrairement à la bodhicitta relative, la bodhicitta absolue ne dépend pas de l'aspiration ou de l'engagement, mais plutôt de la réalisation directe.

Le Dzogchen, souvent appelé « la grande perfection » ou « l'atîyoga,» est une école du bouddhisme tibétain qui met l'accent sur la reconnaissance immédiate de la nature fondamentale de l'esprit, au lieu de chercher à transformer le mental de manière progressive. Dans le Dzogchen, la bodhicitta est donc une manifestation de l'état d'éveil primordial, l'essence même de l'esprit, plutôt qu'un état mental à cultiver ou à développer comme c'est habituellement le cas dans le Mahayana. La bodhicitta absolue se réfère alors à la pureté et à la clarté innées de l'esprit. C'est la réalisation que notre esprit, dans sa nature essentielle, est déjà éveillé et libre de toute limitation ou dualité. Par conséquent, au lieu de cultiver la bodhicitta comme un sentiment d'amour et de compassion envers tous les êtres sensibles, le Dzogchen encourage à reconnaître directement cette nature éveillée de l'esprit, au-delà de toute conceptualisation ou élaboration mentale. Tous les êtres possèdent déjà cette nature éveillée, mais elle est voilée par l'ignorance et l'illusion. Lorsque quelqu'un réalise pleinement cette nature, elle est perçue comme la source même de la compassion naturelle, de la sagesse et de la bienveillance.

Cela n'a donc apparemment aucun sens de continuer à cultiver la bodhicitta relative puisqu'elle n'est plus nécessaire comme l'amour et la compassion émanent spontanément de cette réalisation. Toutefois, la manière dont un pratiquant du Dzogchen intègre la bodhicitta relative après avoir réalisé la nature de l'esprit peut varier d'une personne à l'autre. Certains peuvent trouver que la bodhicitta relative perd de son importance, tandis que d'autres peuvent choisir de maintenir une pratique d'amour et de compassion envers tous les êtres en parallèle avec leur réalisation du Dzogchen. La pratique spirituelle de chacun n'est pas non plus statique et peut évoluer avec le temps. Les enseignements du Dzogchen encouragent souvent la flexibilité et l'adaptabilité en fonction des besoins du pratiquant. Ce qui importe le plus est la manière dont le degré de réalisation influence la vie et les actions du pratiquant. Par ailleurs, la façon dont le Dzogchen est enseigné en retraite comporte souvent très peu d'interactions entre l'élève et l'enseignant. Certains enseignants peuvent être aussi influencés par une tradition quelque peu élitiste qui valorisait le secret et l'initiation à quelques élèves particulièrement dévoués et persistants. Ce contexte rend alors difficile l'adaptation susmentionnée de l'enseignant aux pratiquants et c'est plutôt aux pratiquants de s'adapter à l'enseignant. Souvent, ces retraites reposent principalement sur des enseignements conceptuels et une pratique du calme (*shamatha*), compréhensibles par tous. La voie dite « directe » ou « soudaine » du Dzogchen ressemble alors souvent à une autre voie progressive.

Au-delà des opinions et des traditions sur l'éveil, chacun peut être sincère avec lui-même, en observant ses comportements et ses états d'esprit au quotidien pour savoir s'il a besoin de développer sa bienveillance universelle. C'est d'ailleurs une des qualités spirituelles (*parami)* à cultiver dans le Theravada : la sincérité ou la vérité (*sacca*), en même temps que la bienveillance (*metta*). C'est justement ce que le Metta Sutta nous invite à faire : « ne pas aller dans l'opinion » (verset 10) et « être droit et honnête » (verset 1).

Une façon de comprendre l'intégration des voies soudaines et graduelles

Une façon de comprendre intellectuellement cette contradiction apparente entre les voies soudaines de l'éveil et les voies graduelles peut se comprendre en distinguant ce sur quoi elles portent. Les voies soudaines s'intéressent à la compréhension immédiate de la conscience fondamentale transcendante et toujours présente. Les voies graduelles s'occupent essentiellement du développement méticuleux des états d'esprit et du comportement, à travers la relation au mental, aux affects et au corps. Elles s'orientent vers la compréhension de la causalité (*kamma*) et des phénomènes dépendants de conditions.

Ces deux types de voies ne portent donc pas sur les mêmes aspects de l'être humain. C'est pour cela qu'elles ne s'entendent pas, à l'instar des aveugles dans la célèbre parabole de l'éléphant, qui se trouve dans le « Paṭhamanānātitthiya sutta » (Udāna 6.4), un des plus anciens textes du Canon pali. Dans cette parabole, un groupe de personnes aveugles touche différentes parties d'un éléphant (comme la trompe, les oreilles, les pattes, etc.) et chacune d'entre elles décrit l'éléphant en fonction de la partie qu'elle touche. En conséquence, elles ont des descriptions très différentes de l'éléphant et ne parviennent pas à comprendre l'image complète de l'animal.

Or, même après l'aperçu éveillant de la nature de l'esprit dans les voies d'éveil dites directes, les enseignements de la bienveillance peuvent **guider le comportement** avec l'idée d'**intégrer les fruits de l'éveil dans le corps et le mental** ou « d'**incarner l'éveil** » dans la vie quotidienne, de manière à ce que les phénomènes conditionnés que sont nos actions, nos perceptions, nos préférences, nos émotions et nos motivations reflètent très concrètement les qualités éveillées.

Il en va de même pour **l'éthique**. Si la conscience éveillée apporte une perspective beaucoup plus large et universelle qu'une conscience limitée au point de vue individuel, il faut encore avoir l'intention et faire l'effort mental de prendre la perspective des autres. Lorsque la perspective dite non-duelle est introduite, il est fréquent de penser que la non-dualité est une absence de bien ou de mal et qu'il serait dualiste, donc mauvais, de penser en termes de bénéfique ou de néfaste, ce qui serait reproché au Theravada. De même, « l'être éveillé » non-duel serait automatiquement toujours au-delà du « kamma ». Puisque l'éveil est déjà là, toutes ces préoccupations d'éthique seraient hors sujet. Or, si l'éthique ne crée pas la nature fondamentale de la conscience, elle peut permettre de ne pas la voiler par des perturbations cognitives, émotionnelles et comportementales et donc faciliter ou maintenir notre attention (oserions dire notre éveil) à cette nature fondamentale non-duelle. Nier le niveau individuel de la vie aboutit à une autre forme d'ignorance, notamment celle du corps, du mental et des affects, ainsi que de la compréhension des relations interpersonnelles souvent basées sur la conception de nous-mêmes en tant qu'individu. Ce serait une recette pour le désastre dans la vie réelle.

Si la bienveillance apparaît naturellement dans la conscience éveillée comme son expression naturelle, il faut encore la laisser prendre plus de place dans notre vie. Si notre vie est mue par la recherche insatiable et avide de plaisirs ou par le rejet de déplaisirs, notre attention pourra être capturée par les pensées ou les réactions affectives compulsives. La pratique volontaire de la bienveillance vise à aligner la pensée avec la conscience éveillée au lieu de la laisser vaquer à des habitudes parfois contradictoires, qui pourraient **voiler à nouveau la clarté de la conscience**. La pratique calmante de *metta* peut contribuer à **stabiliser** plus facilement l'attention pour la reposer au sein de la conscience éveillée. Là encore, cela évite les distractions qui peuvent obscurcir la clarté et la lumière de la conscience primordiale.

Si la conscience de ce qui se passe (vipassana) et la **non-distraction** de l'attention ont été travaillées auparavant lors d'une approche plus « graduelle » consistant à voir clairement ce qui se passe en nous, il sera probablement plus facile de le voir et de ne pas être tout de suite emporté par une pensée ou une réaction affective, qui peuvent voiler la nature fondamentale de l'esprit dans le quotidien.

Ainsi, Kalou Rinpoché dans la voie du Bouddha précise cette idée de non-distraction :

> *« La pratique de Mahâmudrâ peut être résumée à trois points essentiels : l'absence d'artifice, l'absence de distraction, l'absence de méditation. (...) Considérons l'absence de distraction. Un premier type de distraction se présente lorsque l'esprit se distrait de cet état « d'esprit naturel ordinaire » en commençant à saisir une forme, un son, une pensée, ou quoi que ce soit. L'absence de distraction est l'absence de fixation, l'absence de saisie. Un deuxième type de distraction apparaît lorsque l'esprit perd sa vigilance, sa clarté lucide ».*
>
> *— Kalou Rinpoché, La voie du Bouddha, Editions du Seuil, Points Sagesses, 1993.*

Après avoir aperçu la nature essentielle de la conscience, il est fréquent que les méditants qui la recherchaient arrêtent de méditer. S'ils se forçaient à méditer et ne ressentaient pas de plaisir à méditer, ils maudissent alors cette « activité ». Si la méditation consistait en une activité formelle pour toucher l'essence éveillée de l'esprit, elle n'a alors plus de raison d'être. Si la méditation n'était qu'une attention focalisée sur un objet, elle pourrait même détourner de la nature fondamentale de l'esprit. C'est pour cette raison que Kalou Rinpoché parle d'*absence de méditation* :

> *« pour exprimer qu'il n'y a aucune méditation qui soit à faire. Il s'agit seulement de laisser l'esprit en son état naturel, sans contrainte, laissant être « l'esprit ordinaire ».*

Toutefois, tout dépend de ce que l'on comprend par le terme « méditation ». Il est extrêmement réducteur d'assimiler la méditation à une attention focalisée ou à de la concentration sur un objet de méditation dans une posture physique normée, qui n'est qu'un exercice pour débuter. Une attention laissant toute la place à la pure présence peut être aussi une façon d'intégrer plus profondément les bienfaits de la présence naturelle dans le corps et le mental. Mais cette attention doit être accompagnée d'une conscience claire de ce qu'est la nature primordiale de l'esprit pour ne pas en être distrait. Ainsi, les distractions ne nous emportent plus et apparaissent comme des « ornements » de la conscience primordiale, sans dualité. Cela demande donc une certaine vigilance et donc un léger effort d'attention, sans tension et avec détente. « Laisser l'esprit en son état naturel » peut donc être vu comme une forme de « méditation ». Cette méditation est alors un facteur d'intégration. C'est ce que Mipham Namgyal appelle « ne pas perdre la continuité de la présence à la nature primordiale » ou « préserver la méditation » dans ce texte Dzogchen :

« La nature de l'esprit, instruction essentielle en trois points de Mipham Rinpotché (1846-1912)
Inexprimable est la simplicité naturelle de l'esprit,
Libre et vaste : par soi-même elle doit être reconnue.
Quand toute fabrication mentale, toute saisie
Et tout attachement s'effacent naturellement
C'est ce que l'on appelle « reconnaître l'essence de l'esprit ».

Une fois libéré du filet des pensées,
Ne pas perdre la continuité de la présence à la nature primordiale,
Sans agir ni faire d'effort, ni rien vouloir,
Voilà ce que l'on appelle « préserver la méditation »

Quand les vagues des multiples pensées
Ne font plus, comme les nuages avec le ciel,
Ni bien ni mal à l'esprit, qui demeure serein,
C'est ce que l'on appelle « libérer l'esprit dans sa propre nature »

Ces trois instructions essentielles seront comprises
Par les méditants qui cultivent l'expérience intérieure,

Mais resteront hermétiques aux intellectuels bavards. »

— Rédigé par Mipham Namgyal. Extrait de « Chemins spirituels. Petite anthologie des plus beaux textes tibétains » par Matthieu Ricard (III.1 Comprendre la nature de l'esprit) Ed. Pocket.

De même, le moine bouddhiste coréen du xe siècle, Chinul ou Jinul, considéré comme la figure la plus influente dans la formation du bouddhisme zen (*son*) coréen, parlait du chemin comme d'« un éveil soudain / développement progressif », qui décrit la compréhension soudaine de la nature de l'esprit et le besoin d'un développement graduel du mental vers les qualités spirituelles, la sagesse et la compassion.

« Bien que l'étudiant comprenne qu'il est essentiellement un bouddha, ses actions sont toujours, en grande partie, guidées par la force des habitudes, qui continuent à l'impliquer dans les souillures comme l'avidité, la haine et l'illusion. Pour cette raison, même après l'éveil initial à sa nature fondamentale de bouddha, l'étudiant doit apprendre à appliquer sa compréhension dans le monde ordinaire et transformer sa connaissance en une action utile et appropriée. Cela requiert qu'il s'entraîne lui-même à contrer l'apparition des souillures et de développer toute l'étendue des qualités spirituelles positives : alors il sera

un bouddha en théorie et dans les faits. Ce processus est le développement graduel. »

— p. 58. In BUSWELL JR, Robert E. Tracing back the radiance: Chinul's Korean way of zen. University of Hawaii Press, 1991.

Chinul promeut donc une pratique permettant de contrer la force des habitudes négatives et de nourrir les qualités positives.

Les aspects graduels et soudains peuvent donc se compléter l'un l'autre pour intégrer à la fois le corps, le mental et la conscience éveillée transcendant le corps et le mental.

Le risque d'une voie graduelle exclusive est de focaliser son attention de façon trop étroite vers un objet d'attention limité comme le corps et le mental, ce qui rendrait impossible le retournement de l'attention vers sa source sans limites et empêcherait la conscience de voir sa propre nature éveillée.

On reste alors dans l'imagination de ce que peut être l'éveil, un idéal motivant la pratique mais peu éveillant.

Même en pratiquant une méditation vipassana classique, nous restons en général dans un type d'attention à la recherche d'objets d'attention, ce qui est vu, plutôt que de la retourner vers ce qui voit. Nous avons du mal à passer d'une méditation tournée vers l'Objet à une méditation tournée vers le Sujet, même s'il n'y a plus que cela qui reste dans l'expérience. Nous pouvons penser que parler d'un « sujet » serait créer une entité et personnaliser la chose, ce qui serait contraire à l'enseignement *d'anatta*, plutôt que de voir le prétendu « sujet » comme une illusion, un processus ou un agrégat, lui aussi impermanent. Mais ce n'est pas le cas. Si « ce qui voit », c'est-à-dire la pure conscience non faite de pensées, est toujours présente, elle reste non-personnelle, sans limites ; elle n'est pas le petit soi, logé dans le corps et le mental, ou une entité personnelle que nie le concept d'*anatta*. Ce n'est pas une chose, mais une non-chose. Cette discussion dépasse toutefois le cadre plus restreint de ce livre sur le Metta Sutta et elle doit s'appuyer sur l'expérience pour ne pas être complètement stérile ou contreproductive.

Le risque d'une voie soudaine exclusive serait **le « contournement spirituel »** où l'éveil ne porterait aucun fruit véritable, car le mental, les affects et le corps ne seraient pas considérés. Ils seraient vus comme extérieurs et sans intérêt puisqu'ils ne sont pas soi. Dans ce cas, la relation au corps et au mental n'existe pas ou est niée, ce qui crée des évitements cognitifs et émotionnels qui entravent la maturation psychologique. La pratique directe de retourner à la pure conscience transcendante, ou de cesser de l'ignorer, peut même constituer une forme d'évitement cognitif et émotionnel selon certaines conditions :

- si l'attention est trop focalisée vers le vide à l'exclusion des contenus, ou
- si cela nie la réalité du mental et des émotions, qui est certes impermanente mais bien prédominante à certains instants[1], et

1. Dans l'Advaïta par exemple, le mot « Réalité » ne concerne que ce qui est permanent, comme la Conscience. Cf. DEUTSCH, Eliot. Qu'est-ce que l'Advaita Vedanta ? Les Deux Océans, 1980, pp. 36-40. Une compréhension incomplète pourrait laisser penser que les contenus ou les apparences de la Conscience n'ont absolument aucune importance.

- si, *in fine,* ces contenus de la conscience ne sont pas vus et traités avec pleine conscience à partir de ce qui regarde.

On pourrait alors rester dans le déni des problèmes ou dans le manque d'intégration à tous les aspects de la vie, matériels, pratiques ou relationnels que l'individu doit gérer. L'aperçu de notre vraie nature pourrait être un moment merveilleux, mais aurait alors relativement peu d'impact sur notre psychologie. Si nous ne sommes pas fondamentalement ces contenus psychologiques impermanents et automatiques, ils apparaissent depuis notre esprit et nous en sommes responsables dans la mesure où nous pouvons choisir de les continuer ou de les arrêter grâce à une pratique de vigilance ou de pleine conscience.

La pratique de metta reprend donc tout son intérêt quelle que soit votre tradition. C'est aussi une activité de l'esprit plaisante et paisible, qui oriente nos tendances de pensée de façon bénéfique et raffinée, tout en éduquant notre attention. Elle peut se substituer à de nombreuses distractions quotidiennes beaucoup moins bénéfiques.

3. Comment se détacher de la colère avant de pratiquer la bienveillance?

Si nous sommes remplis de colère, voire de haine, cultiver l'amour peut nous paraitre bien lointain et trop difficile, comme un idéal inaccessible et irréaliste. Dans ce cas, se détacher de la colère peut être une première étape nécessaire. Le traité Visuddhi Magga[1], le « Chemin de la purification » écrit au ve siècle après J.C, et de nombreux autres textes bouddhistes fournissent quelques méthodes pour nous y aider.

Avant de commencer la méditation de l'amour universel, le « Chemin de la purification » nous invite à examiner les dangers de la haine et de la colère et les avantages de la patience :

« Le danger de la haine doit être compris conformément à des suttas tels que celui-ci :
"Amis, quand un homme hait, est une proie de la haine et que son esprit est obsédé par la haine, il tue des êtres vivants, et..." (A.i,216). [référence au Kodhana Sutta (AN 7.64) cité plus bas]

Et l'avantage de la patience doit être compris en fonction de suttas comme ceux-ci :
"La patience et le pardon sont les pratiques ascétiques les plus élevées[2]" (D.ii,49 ; Dhp.184);

"Celui qui sans colère essuie
Les insultes, les coups et les chaînes,

1. NANAMOLI, Bhikkhu, BUDDHAGHOSA, Bhadantacariya, *et al.* Visuddhimagga: The path of purification. 2003. Traduit de l'anglais par l'auteur.
2. khanti paramaṃ tapo titikkhā, DhP 184
khantī: khantī-, N.f.: patience, forbearance, forgiveness. Nom.Sg. = khantī.
paramaṃ: parama-, Adj.: most, highest, absolute. Nom.Sg.n. = paramaṃ.
tapo: tapo-, N.n.: ascetic practice, religious practice. Nom.Sg. = tapo.
titikkhā: titikkhā-, N.f.: endurance, forgiveness. Nom.Sg. = titikkhā.

Pour qui la force de la patience est comme celle d'une armée,
Celui-là je l'appelle un Brahmane." (Dhp. 399) ;

"Il n'existe rien de plus grand que la patience" (S.i,222). »
Visuddhi Magga (IX.2)

La pratique de Metta peut alors commencer par les niveaux les plus faciles de la méditation structurée du Visuddhi Magga détaillée plus loin. Mais si au cours de la pratique, de la colère, du ressentiment et de l'amertume apparaissent, le traité propose ci-dessous différentes méthodes pour réduire la colère.

1. **Contrairement aux discours qui pourraient légitimer la haine, le Bouddha est catégorique : celui qui nourrit la haine n'est pas un pratiquant de l'enseignement du Bouddha :**

« Moines, même si des bandits vous coupaient brutalement les membres un par un avec une scie à deux manches, celui qui nourrirait de la haine dans son cœur à cause de cela ne serait pas un pratiquant de mon enseignement » (MN 21, Kakacūpama Sutta, La parabole de la scie).

2. **Il faut prendre conscience que nous nous faisons du mal à nous-mêmes en étant en colère :**

« Supposons qu'un ennemi vous ait blessé, pourquoi cherchez-vous à vous blesser vous-même ?

(...) Cette colère que vous entretenez ronge les racines mêmes de toutes les vertus que vous chérissez.
Qui est assez fou pour agir ainsi ? Un autre commet des actes ignobles, alors vous êtes en colère. Pourquoi donc voudriez-vous imiter les actes qu'il commet ?
Supposons qu'un autre, pour vous contrarier, vous provoque avec un acte odieux. Pourquoi laisser la colère surgir et faire ce qu'il voudrait que vous fassiez ?
Si vous vous mettez en colère, alors peut-être lui faites-vous du mal, peut-être pas. Mais avec la douleur que la colère apporte, vous êtes certainement puni maintenant.
Si des ennemis aveuglés par la colère se mettent en route pour emprunter le chemin de la souffrance, avez-vous l'intention de les suivre pas à pas en vous mettant en colère vous aussi ?
Si un ennemi vous fait du mal en vous mettant en colère, alors abandonnez votre colère. Pourquoi vous tourmenter inutilement ?
Puisque les états durent seulement un instant, les agrégats par lesquels l'acte odieux a été commis ont cessé d'exister. Alors, contre quoi êtes-vous en colère ?
Qui blesserez-vous en vous mettant en colère contre un autre en son absence ?»

3. **Notre action aura aussi des conséquences futures (notion du *kamma*) sur nous-mêmes :**

Lui-même et l'autre sont les propriétaires de leurs actes (kamma).
À cet égard, il devrait d'abord examiner en lui-même de la manière suivante : « Quel est l'intérêt de te mettre en colère contre lui ? Ce kamma de toi, qui a la colère pour origine, ne te mènera-t-il pas à ta propre perte ?
En agissant ainsi, tu es comme un homme qui veut frapper un autre et qui ramasse une braise ardente ou des excréments dans sa main, se brûlant d'abord ou se rendant nauséabond ».
Car tu es le propriétaire de tes actes, l'héritier de tes actes, ayant les actes comme parent, les actes comme parenté, les actes comme refuge ; tu hériteras de tout ce que tu fais. (A.iii,186).

4. **L'action de l'autre a également des conséquences futures sur lui-même.** C'est une loi de cause à effet. Cela lui reviendra à la figure comme la poussière jetée contre le vent :

Après avoir examiné la propriété des actes de cette manière en lui-même, il devrait l'examiner également chez l'autre : « Et quel est l'intérêt de se mettre en colère contre toi ? Cela ne le mènera-t-il pas à sa propre perte ?
En agissant ainsi, il est comme un homme qui veut jeter de la poussière sur un autre contre le vent et qui ne fait que se couvrir de poussière ».

Car le Bienheureux a dit : « Quand un fou hait un homme qui n'a pas de haine, est purifié et exempt de tout défaut, il découvrira que le mal revient vers lui, comme la fine poussière jetée contre le vent » (Dhp. 125).

5. Une méthode plus dévotionnelle consiste à **être inspiré par les qualités du Bouddha, de patience et de bienveillance**, telles qu'illustrées dans les textes anciens.
6. **Les avantages de la bienveillance** détaillés dans l'introduction de ce livre peuvent être **médités et mémorisés** (AN 11.15, Metta sutta).
7. **Il est inutile de s'identifier à la colère et on peut la décortiquer en processus, agrégats ou éléments impersonnels. Qu'est-ce qui est en colère ? Quel élément ou quelle partie du corps ou quel agrégat est en colère ?**

« Mais s'il est toujours incapable de l'arrêter de cette manière, il devrait essayer de résoudre la situation en éléments. Comment ? « Quand tu es en colère contre lui, contre quoi es-tu en colère ? Est-ce contre les cheveux de tête contre lesquels tu es en colère ? Ou les cheveux du corps ? Ou les ongles ?...

Ou est-ce contre l'élément de terre dans les cheveux de tête, etc., contre lequel tu es en colère ? Ou l'élément de l'eau ? Ou l'élément du feu ? Ou est-ce l'élément de l'air contre lequel tu es en colère ?

Ou parmi les cinq agrégats ou les douze bases ou les dix-huit éléments par rapport auxquels on appelle cette personne par tel ou tel nom, lequel est l'agrégat de la matérialité contre lequel tu es en colère ? Ou l'agrégat de la sensation, l'agrégat de la perception, l'agrégat des formations mentales, l'agrégat de la conscience contre lequel tu es en colère ?
Quand il tente la résolution en éléments, sa colère ne trouve pas d'appui, comme une peinture dans l'air. »

8. **Enfin, on peut essayer de faire un don à la personne, en cultivant l'amour au lieu de la haine.**

En dehors de ces extraits du Visuddhi Magga, le **Kodhana Sutta** (AN 7.64) présente **sept conséquences néfastes de demeurer dans la colère** : on devient laid, on dort mal, cela nous mène à des échecs, on s'appauvrit, notre réputation est endommagée, nous perdons des amis ou nos proches, nous allons vers une mauvaise destination.

« Une personne en colère est laide et dort mal.
En réalisant un profit, elle le transforme en perte, en ayant fait des dégâts en paroles et en actes.
Une personne accablée par la colère détruit sa richesse.

Fou de colère, il détruit son statut.
Les parents, amis et collègues l'évitent.

La colère entraîne la perte.
La colère enflamme l'esprit.
Il ne réalise pas que son danger vient de l'intérieur.

Une personne en colère ne connaît pas son propre bénéfice.
Une personne en colère ne voit pas le Dhamma.
Un homme vaincu par la colère se trouve dans une masse de ténèbres.
Il prend plaisir aux mauvaises actions comme si elles étaient bonnes, mais plus tard, quand sa colère sera partie, il souffre comme s'il était brûlé par le feu.
Il est abîmé, opaque, comme la fumée qui enveloppe le feu.
Quand la colère se répand, quand un homme se met en colère, il n'a aucune honte, aucune peur du mal, n'est pas respectueux dans son discours.
Pour une personne accablée par la colère, rien n'éclaire.

Je vais énumérer les actes qui apportent des remords, qui sont loin des enseignements. Écoutez.
Un homme en colère tue son père, tue sa mère, tue les brahmanes et des gens ordinaires. C'est à cause du dévouement d'une mère qu'on voit le

monde, mais une personne ordinaire en colère peut tuer ce donneur de vie.
Comme soi-même, tous les êtres se tiennent eux-mêmes le plus à cœur, pourtant une personne en colère, dérangée, peut se suicider de plusieurs manières : avec une épée, du poison, ou en se pendant par une corde dans un vallon de montagne.
En faisant ces actes qui tuent des êtres et se faisant violence, la personne en colère ne se rend pas compte qu'elle est ruinée.
Ce piège à collet, sous la forme de la colère, demeure caché dans le cœur. Coupez-le par la maîtrise de soi, le discernement, la persévérance et la compréhension.
Le sage devrait couper toutes ces choses néfastes et s'entraîner à ne pas céder à la rumination mentale.
Libre de colère et serein,
libre de l'avidité, sans convoitise,
les ayant apprivoisées, la colère abandonnée,
il est complètement en paix, sans pollution mentale.[1] »

— *(AN 7.64, Kodhana Sutta*[2]*)*

1. Parinibbanti anāsavā.
2. Traduit par l'auteur du pali et des traductions anglaises de Thanissaro Bhikkhu et Bhikkhu Sujato Kodhana Sutta: An Angry Person" (AN 7.60), Thanissaro Bhikkhu. Access to Insight, http://www.accesstoinsight.org/tipitaka/an/an07/an07.060.than.html et https://suttacentral.net/an7.64/en/sujato?lang=en&layout=sidebyside&reference=none&notes=asterisk&highlight=true&script=latin

Outre ces réflexions pour réduire la colère, il n'est pas forcément nécessaire d'attendre de ne plus être en colère pour pratiquer la bienveillance. Elle est en effet l'opposée de la colère et son développement peut contribuer à créer un espace bienveillant qui absorbe la colère.

4. Comment pratiquer en s'inspirant du Karaniya metta sutta ?

4.1 Multiplier les opportunités de bienveillance dans une journée

Souhaiter d'être bien et heureux

Certains moments peuvent être des occasions de pratique informelle de la bienveillance. Il suffit de souhaiter dans notre esprit les phrases classiques « Que tous les êtres soient sans hostilité, sans haine, sans souci. Qu'ils prennent soin de leur bonheur. » ou toute autre phrase pour être bien et heureux, en paix, en bonne santé, sage, joyeux, etc. Une fois que nous ressentons un sentiment de bienveillance, nous restons avec cet état émotionnel ouvert tant qu'il dure. S'il disparaît, nous pouvons le faire émerger à nouveau avec des pensées et des souhaits de bienveillance. S'il laisse la place à du calme, nous pouvons nous immerger dans ce calme.

Cela prend moins d'une minute et cela peut orienter notre mental vers la bienveillance pour n'importe qui : proches, conjoint, parents, grands-parents, enfants, frères et sœurs, amis, voisins, enseignants, patrons, collègues, subordonnés, travailleurs, clients, patients, passagers … ou n'importe quel être vivant.

Si c'est pour nous-mêmes, pour prendre soin de notre corps ou de notre esprit, nous adaptons les souhaits :

« Puissé-je être bien et heureux

ou puisse mon corps être reposé, détendu…

ou mon esprit être sans hostilité, sans haine, sans souci,

puissé-je prendre soin de moi-même pour être heureux ».

Une fois que nous ressentons un sentiment de bienveillance, nous restons avec cet état émotionnel tant qu'il dure. S'il disparaît, nous pouvons le faire émerger à nouveau avec les pensées et les souhaits. S'il laisse la place à du calme, nous pouvons nous immerger dans ce calme.

De même, on peut essayer de l'appliquer dans n'importe quelle activité : le travail, les courses, le jardinage, le bricolage, en faisant la queue, en mangeant, en marchant dans la rue, en répondant au téléphone, dans le bus, le métro ou le train, le soir dans le lit avant de s'endormir…

Évidemment, l'esprit ne rentrera pas dans une forme de concentration très forte comme dans les absorptions méditatives, mais cela peut l'orienter vers la bienveillance et ressentir ainsi ses bienfaits comme la réduction de la colère ou une disposition plus joyeuse et amicale.

Au cours d'une journée

Voici quelques suggestions pour réfléchir aux façons d'ajouter quelques instants de bienveillance dans une journée en suivant les recommandations du Metta Sutta.

1. **Au réveil** :
   Commencez votre journée en récitant mentalement le texte ou des pratiques courtes, en pensant « Que tous les êtres soient heureux. » Orienter votre attention vers un état d'esprit positif et bienveillant dès le matin.

2. **En rencontrant ou en étant avec des personnes** :
   Lorsque vous interagissez avec des personnes, rappelez-vous l'intention d'être aimable, doux et humble. Souhaitez-leur sincèrement du bien-être intérieur en pensant « Que tous les êtres soient heureux. »
   Rappelez-vous « l'état d'esprit sans limites » et l'aspect illusoire des limites corporelles et mentales (cf. verset 10, au-delà du moi individuel délimité par le corps et le mental). Chaque personne est une forme de cette essence de Vie, qui nous anime tous. C'est un vécu commun universel partagé, au-delà des pensées et des opinions.
   Rappelez-vous également, qu'en tant qu'individu, « tout le monde se tient très à cœur » (Ud 5.1, Rājan Sutta). La personne à laquelle chaque personne pense le plus et est la plus chère, c'est elle-même. Cela nous pousse à comprendre la perspective de l'autre pour être plus empathiques et mieux interagir.

3. **Dans la communication** :
   Lorsque vous communiquez avec les autres, rappelez-vous de l'intention de ne pas tromper autrui ni de mépriser quiconque. Demandez-vous :

« Suis-je en train de cultiver l'état d'esprit de bienveillance dans mes paroles ?»
Relisez le commentaire du premier verset sur les bonnes paroles (*suvaco*) et la Parole juste.

4. **En vous promenant** :
   Pendant que vous marchez, pensez à la phrase « Visibles ou invisibles, Proches ou lointains, Nés ou à naître — Que tous les êtres soient heureux ! Dans toutes les directions »
   En observant les personnes et les êtres vivants que vous croisez, ressentez de la gratitude pour ce don de vie qui nous anime. Ressentez une connexion bienveillante avec eux, en tant que formes de vie.

5. **Avant de manger** :
   Avant de manger, faites émerger de la gratitude d'avoir un repas grâce à de nombreux êtres et cultiver ainsi un sentiment de contentement comme au verset 2. Si vous êtes moine, réfléchissez aux bienfaiteurs qui vous ont donné, voire préparé, cette nourriture.

6. **En prenant des pauses** :
   Lorsque vous prenez des pauses au travail ou à la maison, prenez quelques instants pour ressentir l'absence d'hostilité et la bienveillance. Imaginez cette énergie bienveillante vous enveloppant et enveloppant tous les êtres vivants.

7. **Avant de vous coucher** :
   Avant de vous coucher, prenez un moment pour réfléchir aux moments bienveillants que vous avez reçus ou donnés pendant votre journée. Réjouissez-vous de ces moments et orientez votre esprit à cultiver à nouveau cette attitude dans votre vie quotidienne.
   En gardant à l'esprit l'idée d'être « rempli de bienveillance sans limites », laissez votre esprit diffuser cette bienveillance dans toutes les directions vers le haut, vers le bas et tout autour, sans aucune limite, en imprégnant votre corps et votre esprit.

L'objectif est d'incorporer consciemment l'intention de bienveillance dans divers aspects de votre vie, envers vous-mêmes et envers tous les êtres vivants pour changer votre état d'esprit au quotidien et le rendre plus résilient face à l'adversité.

4.2 La pratique de la psalmodie ou de la récitation mentale

Quels sont les bienfaits de la récitation d'un texte ?

Lorsque j'étais moine pendant une retraite de méditation de pleine conscience d'un an et demi, le Metta Sutta était l'un des premiers suttas que j'ai appris par cœur en pali pour pouvoir le réciter et l'utiliser comme méditation. À chaque fois que je le récite, mon esprit se **concentre facilement en quelques minutes**. Je ressens un état de concentration et de calme hors du commun. En particulier, j'entre dans un état de calme et d'énergie plus profond quand je cultive l'esprit de bienveillance sans limites vers le haut, vers les bas et tout autour envers tous les êtres. La récitation du sutta est donc **une méditation en soi**.

Outre le fait que cela soit une méditation, c'est aussi une façon de **mémoriser** les enseignements et de les emporter avec soi partout en tout temps. Ils continuent d'agir en nous. C'était d'ailleurs une façon privilégiée de mémoriser, de pratiquer et de transmettre l'enseignement du Bouddha à son époque jusqu'à la mise par écrit de ses discours qui allait former le Canon pali. Aujourd'hui encore, il y a des concours de récitation dans certains pays bouddhistes, comme la Birmanie.

Selon le Commentaire pali, le Metta Sutta est traditionnellement utilisé de trois façons :

1. comme chant de protection spirituelle contre l'inimitié dans le cadre des *paritta sutta* récités par les moines à des occasions appropriées,
2. comme outil de développement d'un esprit plus bienveillant (*metta bhavana*) et moins irritable ou pollué par la colère au quotidien,
3. et comme base pour développer des états d'immersion dans un calme très profond (*jhana)* facilitant une conscience claire et dégagée des pensées[1].

Le livre de psalmodie du monastère de Suan Mokkh en Thaïlande énumère très bien les bienfaits de la récitation en douze points.

1. Cf. Partie III.5, « Méditations de la bienveillance issues d'autres textes anciens »

« La récitation :

1. Calme l'esprit agité.

2. Sert à la formation de l'attention : l'esprit doit être alerte, agile, et attentif pour éviter des erreurs.

3. Sert à la formation de la concentration : concentre l'esprit sur les mots, leur signification, ou le son et l'appareil vocal.

4. Sert à la formation de la sagesse : en retenant et en approfondissant la compréhension des enseignements qui peuvent devenir une compréhension directe.

5. La confiance (saddha) se développe par la connaissance et la réflexion sur les textes.

6. Cultive viriya (l'énergie), pamojjha (la joie), et khanti (la patience).

7. Développe metta (l'amour-bienveillant) envers tous les êtres.

8. Remplit l'esprit de pensées saines et bénéfiques de sorte que les pensées néfastes et basses ne rentrent pas.

9. Prépare l'esprit et le corps pour bhavana (la méditation).

10. Nous aide à nous consacrer à la pratique spirituelle.

11. Améliore la connaissance du Pali, la langue de référence qui préserve les paroles du Bouddha et ses termes authentiques.

12. C'est une pratique bouddhiste universelle appréciée dans tous les pays bouddhistes. »

En résumé, cette pratique aide le développement de la vertu, de la paix intérieure et de la sagesse qui nous libère de la souffrance. C'est une activité spirituelle agréable et calmante qui réduit le stress de la vie quotidienne, permet une pause dans nos activités, et repose notre attention tout en la concentrant. Cela clarifie notre esprit.

Une pratique rapide et courte, deux fois par jour, matin et soir

Cette récitation peut être fréquente ou même quotidienne, ce qui nous permet de garder à l'esprit son enseignement. Cela agit au minimum comme un garde-fou pour que notre comportement reste aligné avec l'enseignement. Ce sont aussi des lignes directrices utiles pour éclairer nos comportements, s'en réjouir ou éventuellement les réorienter.

Selon le Commentaire pali, le Bouddha conseille de méditer constamment sur la bienveillance au moins deux fois par jour, le matin et le soir. Cela permet en effet de bien commencer la journée et de bien dormir.

Créer un cadre propice: réciter devant un petit autel plein de symboles facilitants

Dans les pays bouddhistes, outre les moines, les laïcs récitent souvent ce sutta face à un petit autel avec une statue de Bouddha et des offrandes qui rappellent l'importance de développer l'esprit continuellement jusqu'à la mort. La statue de Bouddha rappelle bien sûr l'enseignement bouddhiste et en particulier la méditation puisqu'il est représenté en train de méditer. Les offrandes sont des petits rites qui rappellent d'être attentifs à différentes qualités d'esprit dans la journée. Il existe cinq symboles classiques correspondant à cinq objets à placer sur l'autel :

1. L'eau, symbole de la pureté et de la transparence de la conscience, de la clarté de la vacuité, du calme lorsque l'on ne l'agite pas et de l'élément essentiel de la vie ;
2. La lumière, symbole de conscience et de sagesse qui dissipe l'ignorance ;
3. Des fruits, symbole des fruits de notre action, rappel que chaque action a un effet (principe du *kamma*), mais aussi des fruits de l'éveil qui nous inspirent ;
4. L'encens, le parfum de la vertu ;
5. Des fleurs, symboles de fragilité, d'impermanence et de beauté qui nous rappellent de vivre pleinement, sans avidité, ce présent qui est là.

Réciter mentalement et méditer n'importe où

Il est à noter que cette récitation peut aussi être mentale et totalement silencieuse, en particulier si vous vivez avec d'autres personnes que cela peut déranger. Il serait contradictoire et inopportun de gêner les autres lors d'une pratique destinée à faire émerger le sentiment de bienveillance ! Imaginez l'absurdité de dire : « mais taisez-vous, je pratique l'amour inconditionnel ! »

La récitation mentale silencieuse permet ainsi de pratiquer dans n'importe quel endroit, y compris des lieux publics comme les transports ou dans la rue, etc.

Comment réciter ?

La récitation du texte est parfois aussi appelée « psalmodie » : la psalmodie, les mains jointes au niveau du cœur, est une technique vocale consistant à réciter un texte sur une unique note, de façon relativement monotone. Elle est très utilisée par les moines.

Si vous souhaitez réciter et méditer sur le Metta Sutta, il peut être utile d'écouter le rythme de récitation. Sa prononciation peut légèrement varier selon les pays et les langues. Personnellement, j'ai une préférence pour la version thaïlandaise. À chacun de trouver son style, du moment que cela reste psalmodié plutôt que chanté, afin de faciliter la concentration. Sa récitation peut se faire en pali ou en français. Dans les monastères occidentaux du Theravada, comme le monastère d'Amaravati en Angleterre, le sutta est parfois lu dans sa traduction anglaise ou bien en alternant avec le pali.

La récitation en français

La récitation en français ne devrait pas être trop rapide ni trop lente. Elle peut être plaisante sans être chantée. On peut s'assoir de façon bien stable pour bien se concentrer. C'est souvent fait au sol, mais cela peut être sur une chaise si vous avez des douleurs. Le sens de chaque phrase devrait apparaître à l'esprit et peut être approfondi de plus en plus. Si vous récitez en groupe, il est préférable d'avoir une personne qui commence pour caler le rythme.

La prononciation du pali

Si vous récitez en pali, la prononciation du pali, telle qu'elle est enseignée aujourd'hui, ressemble au français pour les voyelles « a », « i » ou « o ». Les traits au-dessus des voyelles appelés « macrons » indiquent que leur prononciation est deux fois plus longue. Ce sont des voyelles longues comme dans « châle ». La transcription du pali remplace parfois ce trait au-dessus de la lettre par un accent circonflexe « ^ », plus facile à utiliser sur un clavier français ou par deux lettres au lieu d'une.

En revanche, la voyelle « **u** » se prononce « **ou** ». Un sutta se dit « souta ».

« **e** » se prononce « **é** ». « khemino » se prononce « kémino ».

« a » se prononce comme en français, sauf à la fin d'un mot, plutôt comme **œu**f.

Les consonnes se prononcent comme en français sauf :

c se prononce **tch**, comme tchèque. « ca » se prononce « tcha ».

ñ se prononce « **nye** » comme dans ca**ny**on ou mi**gn**on. Suññata (la vacuité) se lit « sunyata ».

v se prononce comme le **w** anglais, comme dans **w**eek-end. Ainsi « Sukhino va khemino hontu » se prononce « soukino wa kémino honntou »

j se prononce « **dje** », comme Abi**dj**an. ujū se lit « oudjou ».

ṁ & ṅ se prononcent « ng », comme dans langue. « paraṁ » se prononce « parang »

Certains sons pāli n'ont pas d'équivalent en français. C'est aussi le cas pour certains sons dans certaines langues de pays bouddhistes comme le thaï. La prononciation du pali varie donc quelque peu en fonction des pays et des langues (thai, birman, srilankais). Vous pourrez vous en rendre compte en écoutant le « Karaniya Metta Sutta » sur internet.

Ainsi, certaines notations à deux lettres — bh, ch, dh, gh, jh, kh, ph, th— désignent un son aspiré, un peu dans la gorge.

Le Pāli contient également des consonnes rétroflexes, indiquées par un point sous la lettre : ḍ, ḍh, ḷ, ṇ, ṭ, ṭh. Ceux-ci n'ont pas d'équivalent français. Ils sont prononcés en posant le bout de la langue contre le palais, produisant un ton nasal distinct.

Une double consonne se prononce comme deux sons séparés (satta = sat+ta)

4.3 Méditation sur tout le texte ou des extraits du sutta

Récitation du texte Karaniya metta sutta en français et en pali

1. Voici ce que l'on peut faire quand on sait ce qui est bénéfique,
Et que l'on comprend la voie de la paix :
Être capable, droit et honnête,
Aimable, doux et humble,

2. Contenté et facilement satisfait,
Avec peu d'obligations et une vie légère,
Les sens en paix et prudent,
Sans convoiter les dons des familles,

3. Et sans faire la moindre chose
Que les sages désapprouveraient.
Joyeux et en sécurité,
Que tous les êtres soient heureux !

4. Quels que soient les êtres vivants,
Qu'ils soient faibles ou forts, sans en exclure aucun,
Longs ou grands,
Moyens, petits ou minuscules.

Karaṇīyamatthakusalena,
Yanta santaṁ padaṁ abhisamecca;
Sakko ujū ca suhujū ca,
Sūvaco cassa mudu anatimānī.

Santussako ca subharo ca,
Appakicco ca sallahukavutti;
Santindriyo ca nipako ca,
Appagabbho kulesu-ananugiddho.

Na ca khuddamācare kiñci,
Yena viññū pare upavadeyyuṁ;
Sukhino va khemino hontu,
Sabbe sattā bhavantu sukhitattā.

Ye keci pāṇabhūtatthi,
Tasā vā thāvarā vanavasesā;
Dīghā vā ye va mahantā,
Majjhimā rassakā aṇukathūlā.

5. Visibles ou invisibles,
Proches ou lointains,
Nés ou à naître,
Que tous les êtres soient heureux !

6. Que nul ne trompe autrui,
Ni ne méprise aucun être, quel qu'il soit.
Que nul, par colère ou aversion,
Ne souhaite de mal à autrui.

7. Tout comme une mère protège de sa vie,
Son enfant, son unique enfant.
De même pour tous les êtres vivants,
Cultivons cet esprit sans limites.

8. Rempli de bienveillance pour le monde entier,
Cultivons cet esprit sans limites,
Vers le haut, vers les bas et tout autour,
Sans entraves, sans haine.

9. Que l'on soit debout, en marchant, assis ou allongé,
Tant que l'on est alerte,
Cela devrait être gardé à l'esprit,
C'est ce que l'on appelle une demeure divine.

10. Sans s'attacher à l'opinion, vertueux,
Avec une vision parfaite,
Maîtrisant l'avidité pour les plaisirs sensuels,
Une telle personne ne devrait jamais renaître dans le cycle de la souffrance.

Diṭṭhā vā ye va adiṭṭhā,
Ye va dūre vasanti avidūre;
Bhūtā va sambhavesī va,
Sabbe sattā bhavantu sukhitattā.

Na paro paraṁ nikubbetha,
Nātimaññetha katthaci naṁ kañci;
Byārosanā paṭighasañña,
Nāññamaññassa dukkhamiccheyya.

Mātā yathā niyaṁ puttam
Āyusā ekaputtamanurakkhe;
Evampi sabbabhūtesu,
Mānasaṁ bhāvaye aparimāṇaṁ.

Mettañca sabbalokasmi,
Mānasaṁ bhāvaye aparimāṇaṁ;
Uddhaṁ adho ca tiriyañca,
Asambādhaṁ averamasapattaṁ.

Tiṭṭhaṁ caraṁ nisinno va,
Sayāno yāvatāssa vigatamiddho;
Etaṁ satiṁ adhiṭṭheyya,
Brahmametaṁ vihāramidhamāhu.

Diṭṭhiñca anupaggamma, sīlavā Dassanena sampanno;
Kāmesu vineyya gedhaṁ,
Na hi jātuggabbhaseyya punaretī

Ces versets permettent de se concentrer sur l'émotion de bienveillance ou d'amour généré par les phrases du sutta. C'est une méditation de concentration pour s'absorber ou s'immerger sur une seule chose : l'émotion de bienveillance et le calme, ce qu'on appelle la méditation *Samatha*.

Les versets qui répondent à ces critères de méditation samatha, et suscitent plus l'imagination, se distinguent des versets plus axés sur la vertu et les conseils comportementaux. Ce sont les suivants :

Pali	**Français**
(3) Sukhino va khemino hontu, Sabbasattā bhavantu sukhitattā.	Joyeux et en sécurité, Que tous les êtres soient heureux.
(4) Ye keci pāṇabhūtatthi, Tasā vā thāvarā vanavasesā; Dīghā vā ye va mahantā, Majjhimā rassakā aṇukathūlā.	Quels que soient les êtres vivants, Qu'ils soient faibles ou forts, sans en exclure aucun, Longs ou grands, Moyens, petits ou minuscules.

(5) Diṭṭhā vā ye va adiṭṭhā,
Ye va dūre vasanti avidūre;
Bhūtā va sambhavesī va,
Sabbasattā bhavantu sukhitattā.

Visibles ou invisibles,
Proches ou lointains,
Nés ou à naître —
Que tous les êtres soient heureux !

(7) Mātā yathā niyaṁ puttam
Āyusā ekaputtamanurakkhe;
Evampi sabbabhūtesu,
Mānasaṁ bhāvaye aparimāṇaṁ.

Tout comme une mère protège de sa vie,
Son enfant, son unique enfant.
De même pour tous les êtres vivants,
Cultivons cet état d'esprit sans limites.

(8) Mettañca sabbalokasmi,
Mānasaṁ bhāvaye aparimāṇaṁ;
Uddhaṁ adho ca tiriyañca,
Asambādhaṁ averamasapattaṁ.

Rempli de bienveillance pour le monde entier,
Cultivons cet état d'esprit sans limites,
Vers le haut, vers les bas et tout autour,
Sans entraves, sans haine.

Eventuellement pour insister sur la continuité de la bienveillance quelles que soient les postures, le verset 9 peut aussi être récité :

(9) Tiṭṭhaṁ caraṁ nisinno va,	Que l'on soit debout, en marchant, assis ou allongé,
Sayāno yāvatāssa vigatamiddho	Tant que l'on est alerte,
	Cela devrait être gardé à l'esprit,
Etaṁ satiṁ adhiṭṭheyya,	
Brahmametaṁ vihāramidhamāhu.	C'est ce que l'on appelle une demeure divine.

Méditations adaptées du Karaniya metta sutta

Ces récitations plus méditatives peuvent être toutefois encore trop rapides et machinales pour bien s'imprégner de l'état de bienveillance ou de calme que cela procure. Aussi, il peut être conseillé de rester plus longtemps sur le sens des phrases à chaque souhait de bienveillance pour faire émerger la bienveillance et y demeurer.

Pour que la bienveillance s'approfondisse lors du souhait, il doit être fait d'une façon sincère, sérieuse et vraie.

Vipassana pendant la récitation de metta

Vous pouvez aussi pratiquer la méditation Vipassana en observant ce qui se passe en vous tout en développant Metta. Par exemple, à chaque fois que vous faites le souhait, vous pouvez observer la pensée qui surgit, la récitation et sa disparition à chaque répétition. La pensée

« Puissent-ils être heureux » par exemple est maintenue à l'esprit avec un sentiment de bienveillance. Lorsque cela disparaît à plusieurs reprises, nous répétons la pensée pour générer la bienveillance, qui disparaîtra à nouveau à un moment. De même, la voix qui prononce les mots, la bouche, la langue, les cordes vocales qui bougent et tous les comportements physiques apparaissent et disparaissent de manière répétée. Nous observons ainsi l'apparition et la disparition des phénomènes mentaux et physiques, comme suggéré dans le Satipatthana Sutta pour l'établissement de la pleine conscience, utilisé pour la méditation Vipassana. Vous observez le changement ainsi que les mécanismes de l'intention de réciter et la création de sons à partir de pensées, sans avoir besoin de les voir comme un « moi ». Vous vous imprégnez ainsi de l'impermanence (*anicca*) et de la conscience que le corps et le mental ne sont pas soi (*anatta*).

Méditations du Metta Sutta

Répétez trois fois chaque phrase en prenant le temps de s'imprégner du sens et de ressentir le souhait sincère. Si vous avez plus de temps, immergez-vous dans la bienveillance et le calme (*samatha*) produits par ces souhaits.

> *« Que tous les êtres soient heureux, (Répétez trois fois)*
> *Que tous les êtres soient en sécurité, (Répétez trois fois)*
> *Que tous les êtres se sentent bien à la fois dans le corps et l'esprit. » (Répétez trois fois)*

Pour prolonger l'expérience, Metta peut se développer en séparant les formes d'êtres vivants en plusieurs caractéristiques énumérées dans le Metta Sutta.

« Que tous les êtres faibles soient heureux, (Répétez trois fois)
Que tous les êtres forts soient heureux, (Répétez trois fois)
Que tous les êtres faibles ou forts soient heureux » (Répétez trois fois)

« Que tous les êtres qui ont un grand corps soient heureux, (Répétez trois fois)
Que tous les êtres qui ont un corps de moyenne taille soient heureux, (Répétez trois fois)
Que tous les êtres qui ont un petit corps soient heureux, (Répétez trois fois)
Que tous les êtres qui ont un corps long, moyen ou petit soient heureux » (Répétez trois fois)

« Que tous les êtres visibles soient heureux. (Répétez trois fois)
Que tous les êtres non visibles soient heureux. (Répétez trois fois)
Que tous les êtres visibles ou non-visibles soient heureux. » (Répétez trois fois)

« Que tous les êtres qui vivent près soient heureux. (Répétez trois fois)
Que tous les êtres qui vivent loin soient heureux. (Répétez trois fois)

Que tous les êtres qui vivent près et loin soient heureux. » (Répétez trois fois)

« Que tous les êtres nés soient heureux. (Répétez trois fois)
Que tous les êtres à naître soient heureux. (Répétez trois fois)
Que tous les êtres nés ou à naître soient heureux. » (Répétez trois fois)

« Puissent tous les êtres vers le haut être heureux. (Répétez trois fois)
Puissent tous les êtres vers le bas être heureux. (Répétez trois fois)
Puissent tous les êtres tout autour être heureux. (Répétez trois fois)
Puisse la bienveillance se diffuser dans le monde entier sans limites. » (Répétez trois fois)

Méthode d'orientation de la bienveillance selon le Metta Sutta

Il est aussi possible de faire varier les méditations du Metta Sutta avec ces treize façons d'orienter son mental.

1. Que tous les êtres vivent dans le bien-être physique.
2. Que tous les êtres vivent dans la paix.
3. Que tous les êtres connaissent le bonheur.
4. Quels que soient les êtres faibles ou forts, qu'ils connaissent le bonheur.

5. Quels que soient les êtres que j'ai vus et que je n'ai jamais vus, que tous ces êtres connaissent le bonheur.
6. Quels que soient les êtres qui vivent loin ou qui vivent près de moi, que tous ces êtres soient heureux.
7. Quels que soient les êtres déjà nés ou à naître, que tous ces êtres connaissent le bonheur.
8. Quels que soient les êtres qui sont longs, courts ou moyens, que tous ces êtres connaissent le bonheur.
9. Quels que soient les êtres qui sont grands, petits ou moyens, que tous ces êtres connaissent le bonheur.
10. Quels que soient les êtres qui sont gros, minces ou moyens, que tous ces êtres connaissent le bonheur.
11. Que personne ne trompe l'autre.
12. Que personne ne méprise qui que ce soit.
13. Que personne ne souhaite du mal à autrui par malveillance ou par antipathie.

4.4 Méditations guidées inspirées du Karaniya metta sutta

De nos jours, de plus en plus des gens associent le mot « méditation » à des méditations guidées par une personne qui conduit vocalement l'attention et l'imagination de façon habile pour créer un état cognitif et émotionnel désiré. Nous pouvons aussi adapter le sutta pour créer des méditations guidées qui s'inspirent directement de sa structure. Ce sont des propositions que vous pouvez modifier avec vos mots et en fonction de votre ressenti.

Méditation guidée n° 1

Avant de commencer, trouvez un endroit calme et confortable pour vous asseoir ou vous allonger.

1. Fermez doucement les yeux à chaque souhait pour mieux vous concentrer.
2. Prenez quelques instants pour vous détendre. Respirez profondément et lentement, en laissant aller les tensions de votre corps et en vous concentrant sur votre respiration.
3. Commencez par répéter mentalement :
   « Joyeux et en sécurité,
   Que tous les êtres soient heureux. »
   Ressentez ou imaginez un état de joie se répandant en vous et autour de vous. Laissez cette énergie bienveillante toucher tous les êtres vivants dans toutes les directions.
   Ressentez ou imaginez un état de sécurité se répandant en vous et autour de vous.
   Laissez cette énergie bienveillante toucher tous les êtres vivants.

4. Poursuivez en pensant :
   « Visibles ou invisibles, Proches ou lointains, Nés ou à naître — Que tous les êtres soient heureux ! »
   Imaginez une lumière chaleureuse et bienveillante rayonnant dans toutes les directions, touchant toutes les formes de vie, qu'elles soient proches ou lointaines, visibles ou non visibles.

5. Imaginez une mère qui protège tendrement son enfant. Ressentez la profondeur de son amour et de sa volonté de le protéger.
   Appliquez ensuite cette même bienveillance à tous les êtres vivants, comme si vous étendiez un amour inconditionnel à l'ensemble de l'univers.

6. Répétez mentalement :
   « Rempli de bienveillance pour le monde entier, Je cultive cet état d'esprit sans limites, Vers le haut, vers le bas et tout autour, Sans entraves, sans haine. »
   Imaginez-vous entouré d'une lumière brillante de bienveillance, rayonnant dans toutes les directions, sans aucune limitation.

7. Ressentez cette énergie bienveillante de la vie touchant toutes les autres formes de vie qui vous entoure.

8. Restez un moment pour vous imprégner de ce sentiment de bienveillance et d'ouverture envers tous les êtres vivants.
   Respirez profondément et ressentez ce contact profond avec la vie.

9. Pensez aux instructions du Bouddha : « Que l'on soit debout, en marchant, assis ou allongé, Tant que l'on est sans somnolence, Cela devrait être gardé à l'esprit, C'est ce que l'on appelle une demeure divine. »

Imaginez-vous debout, marchant, assis ou allongé. Ressentez votre présence bienveillante dans chaque posture.

10. Lorsque vous êtes prêt, ouvrez doucement les yeux et prenez conscience de votre environnement. Prenez un moment pour vous sentir reconnaissant pour cette expérience de méditation et pour la possibilité de cultiver la bienveillance en vous et dans le monde.

Méditation guidée n° 2

Cette méditation évite la visualisation et se contente de penser aux idées contenues dans le sutta pour nous faire ressentir l'émotion. Elle peut être plus facile si vous avez du mal à utiliser des images mentales ou si vous n'aimez pas l'idée d'imaginer rayonner de lumière par exemple.

Avant de commencer, trouvez un endroit calme et confortable pour vous asseoir ou vous allonger.

1. Fermez doucement les yeux à chaque souhait pour mieux vous concentrer.

2. Commencez par porter votre attention sur votre respiration. Ressentez l'entrée et la sortie de l'air à chaque inspiration et expiration. Prenez quelques respirations profondes pour vous centrer.

3. Pensez à l'idée de bienveillance. Ressentez son sens profond et l'intention de souhaiter le bien-être et le

bonheur pour tous les êtres vivants. Si c'est plaisant, restez un moment avec ce ressenti.

4. Comme dans l'expression : « Joyeux et en sécurité, Que tous les êtres soient heureux. », pensez à la joie et souhaitez que tous les êtres soient heureux.
Pensez au fait de se sentir en sécurité et souhaitez que tous les êtres soient en sécurité.
Ressentez comment ces mots résonnent en vous. Laissez l'intention de souhaiter la joie et la sécurité pour tous les êtres s'ancrer en vous.

5. Maintenant, pensez aux mots : « Visibles ou invisibles, Proches ou lointains, Nés ou à naître — Que tous les êtres soient heureux ! » Ressentez la portée universelle de ces mots, à l'émotion de bienveillance qui englobent toutes les formes de vie, sans distinction.

6. Pensez à l'analogie de la mère protectrice. Ressentez le sentiment de protection et d'amour inconditionnel qu'une mère pourrait avoir envers son enfant. Laissez cette sensation de bienveillance s'étendre à tous les êtres vivants.

7. Ressentez la bienveillance sans limites pour tout ce qui existe, sans exception.

8. Pensez aux mots : « Que l'on soit debout, en marchant, assis ou allongé, Tant que l'on est sans somnolence, Cela devrait être gardé à l'esprit, C'est

ce que l'on appelle une demeure divine. » Imaginez ressentir cette attitude bienveillante dans toutes les situations et à tout moment.

9. Restez assis pendant quelques instants, en laissant les mots et les sentiments de bienveillance résonner en vous. Ressentez la paix et la connexion qui émanent de cette intention.

10. Lorsque vous êtes prêt, commencez à prendre conscience de votre respiration et de votre environnement. Doucement, ouvrez les yeux. Prenez un moment pour vous sentir reconnaissant pour cette expérience de méditation et pour la possibilité de cultiver la bienveillance en vous et dans le monde.

5. Méditations de la bienveillance issues d'autres textes anciens

D'autres textes en pali approfondissent la méditation de la bienveillance sous d'autres formes :

- le « chant de Metta » du Patisambhida Magga (partie 5.1),
- la méditation des Quatre demeures divines (*Brahma Vihara*)[1] qui définissent la bienveillance, la compassion, la joie altruiste et l'équanimité (partie 5.2),

1. Appelés aussi les Quatre états sans limite.

- la diffusion des Quatre demeures divines dans quatre directions (texte du Subha Sutta, MN 99) (partie 5.3).
  Les méditations basées sur ces textes, lorsqu'elles sont approfondies, sont souvent utilisées pour susciter des états d'absorption ou d'immersions méditatives (*jhana*) alors que le Metta Sutta porte davantage sur le mettā ordinaire. Pour cette raison, nous introduisons quelques notions sur les immersions méditatives (partie 5.4) avant de voir les instructions de méditation du texte du Visuddhi Magga qui fait référence à ces absorptions.
- La partie 5.5 consacrée au Visuddhi Magga est donc conçue pour développer ces états de grand calme liés aux immersions méditatives.

5.1 Le Chant de Metta

Le chant de Metta est aussi très célèbre et populaire dans le monde bouddhiste. Il est contenu notamment dans le Patisambhida Magga (« Le Chemin du discernement analytique ») du Canon pali, dans le Khuddaka Nikaya et dans le Visuddhi Magga sur les Quatre demeures divines. Il est souvent utilisé pendant les retraites de méditation. Il a même été mis en musique par Imee Ooi et se trouve facilement sur internet. Lorsque j'étais moine au Myanmar, nous faisions notre ronde quotidienne d'aumônes à l'aube pour recueillir, avec respect et tradition, le riz des généreux donateurs du village. Je me rappelle que cette musique très douce et paisible sortait d'une petite cabane en bambou qui devait être une petite épicerie. Quoi de mieux pour commencer une journée que de souhaiter développer la bienveillance en nous tous ?

Nous trouvons de nombreuses traductions sur internet qui se gardent de choisir entre plusieurs sens. Par exemple, « *vera* » peut être traduit par hostilité, haine, inimitié, ennemi, danger ou adversité. Comme le chemin bouddhiste des Trois entraînements (silâ - samâdhi - paññа) a pour but de cultiver des états d'esprit, nous avons évité d'utiliser des mots faisant référence à des événements extérieurs à l'esprit, comme « danger » ou « adversité ». Il ne s'agit pas tant d'une prière pour que des choses arrivent d'une certaine façon, mais d'une méditation pour suggérer un état d'esprit de bienveillance.

Ce chant répète en refrain les mêmes souhaits (*Averā hontu Abyāpajjā hontu*[1] *Anighā hontu Sukhī attānaṃ,*

1. *Abyāpajjā* est parfois traduit par « sans souffrance mentale » dans certaines traductions anglaises ou affliction, oppression ou sans problème. Son autre sens est « sans haine » (ou malveillance ou « *ill-will* en anglais). Dans ce sens, *Abyāpajjā* fait référence à l'absence d'hostilité, de colère ou de haine envers les autres. Le dictionnaire de la Pali Text Society l'écrit Abyāpajjhā, l'inverse de Byāpajjā :
Byāpajjha [Byāpajjha] [fr. vy-ā-pad] 1. trouble, opp. a° relief M i.10. —2. malevolence; neg. a°
benevolence Vin i.3; M i.38; cp. avyāpajjha S iv.296, 371. — proche de :
Byābādha [Byābādha] [vy+ā+bādh] evil, wrong, hurt; usually referred to as 3 fold: atta°, para°, ubhaya°,
or against oneself, against others, & both —M i.416; S iv.159 (vyā°), 339. —
Vyāpajjha [Vyāpajjha] (adj.-nt.) [perhaps grd. of vyāpajjati; but see also avyāpajjha] to be troubled or
troubling, doing harm, injuring; only neg. avyāpajjha (& abyābajjha) (adj.) not hurting, peaceful, friendly;

parihārantu) en multipliant les catégories d'êtres. Chaque phrase peut être utilisée pour méditer dessus.

Le texte intégral du Chant de Metta

Ahaṁ avero homi – Puissé-je être sans hostilité,
Abyāpajjho homi - être sans haine,
Anīgho homi - être sans souci,
Sukhī attānaṁ pariharāmi. – et prendre soin de moi-même pour être heureux.

Mama mātā pitu, Ācariyā ca, ñatimitta ca, Sabrahma cārino ca -

Que ma mère et mon père, Mes enseignants et mes proches, Et mes compagnons dans la vie sainte,

---

(nt.) kindness of heart Vin i.183; M i.90 (abyābajjhaṃ vedanaṃ vedeti), 526; D i.167, 247, 251; S iv.296,
371; A i.98; ii.231 sq.; iii.285, 329 sq., 376 sq. Cp. byāpajjha & vyābādha etc.
Dans le contexte de Metta et dans la mesure où *Anīgho* ou *Anighā* signifie déjà « sans souci », nous avons choisi le sens de « sans haine » (en suivant le *Chanting Book* du monastère d'Amaravati en Angleterre : « *In freedom from ill-will* ») au lieu de soulagé (*relief*) ou de sans oppression pour Abyāpajjhā.
De même, *Anighā* est parfois traduit par « sans douleur physique ». Nous avons gardé la traduction du Concise Pali-English Dictionary de A.P. Buddhadatta Mahathera : « *free from trouble* », soit "sans inquiétude", "sans trouble" ou "sans souci", "serein". Nous avons aussi trouvé une traduction par « sans anxiété » en anglais, mais ce concept est plus large que "sans inquiétudes".
Dans le contexte du développement de Metta, vous pouvez multiplier dans tous les cas les différents souhaits qui semblent adaptés pour alléger la souffrance et augmenter le bonheur. Nous pourrions ainsi souhaiter : sans hostilité, sans haine, sans souci, sans sentiment d'oppression, sans anxiété, sans douleur physique et tout ce qui vous permet de ressentir de la compassion et de la bienveillance.

Averā hontu - Soient sans hostilité.
Abyāpajjā hontu - Soient sans haine.
Anighā hontu - Soient sans souci.
Sukhī attānaṃ parihārantu - Et que tous prennent soin de leur bonheur.

Imasmiṁ ārāme sabbe yogino - Dans ce monastère, que tous les méditants

Averā hontu - Soient sans hostilité.
Abyāpajjā hontu - Soient sans haine.
Anighā hontu - Soient sans souci.
Sukhī attānaṃ parihārantu - Et que tous prennent soin de leur bonheur.

Imasmiṁ ārāme sabbe bhikkhu-sāmanerā ca upāsaka-upāsikāyo ca

Dans ce monastère, tous les moines, novices, laïcs et laïques.

Averā hontu - Soient sans hostilité.
Abyāpajjā hontu - Soient sans haine.
Anighā hontu - Soient sans souci.
Sukhī attānaṃ parihārantu - Et que tous prennent soin de leur bonheur.

Amhākaṁ catupaccaya-dāyakā – Que nos bienfaiteurs des quatre nécessités[1]

Averā hontu - Soient sans hostilité.

1. Il s'agit des quatre nécessités du moine qui correspondent aux besoins fondamentaux : nourriture, logement, vêtements, médicaments ou hygiène. Cf. commentaire du verset 2 « Contenté et facilement satisfait »

Abyāpajjā hontu - Soient sans haine.
Anighā hontu - Soient sans souci.
Sukhī attānaṃ parihārantu - Et que tous prennent soin de leur bonheur.

Amhākaṃ ārakkha devatā
Imasmiṃ vihāre, Imasmiṃ avāse, Imasmiṃ ārāme
Que les divinités protectrices veillent sur notre demeure, notre lieu et notre environnement.
Ārakkha devatā - Que les divinités protectrices
Averā hontu- Soient sans hostilité.
Abyāpajjā hontu - Soient sans haine.
Anighā hontu - Soient sans souci.
Sukhī attānaṃ parihārantu - Et que toutes prennent soin de leur bonheur.

Sabbe sattā, Sabbe pānā, Sabbe bhutā, Sabbe puggalā, Sabbe attabhāva pariyāpannā
Que tous les êtres, tous les êtres qui respirent, toutes les créatures, toutes les personnes, tous les types d'individus existants,
Sabbā itthiyo, Sabbe purisā, Sabbe ariyā, Sabbe anariyā, Sabbe devā, Sabbe manussā, Sabbe vinipātikā
Toutes les femmes, tous les hommes, tous les nobles[1], tous les non-nobles, tous les êtres divins, tous les humains, tous ceux qui sont dans un état malheureux,
Averā hontu- Soient sans hostilité.
Abyāpajjā hontu - Soient sans haine.

1. C'est-à-dire les êtres humains qui ont atteint une réalisation spirituelle élevée.

Anighā hontu - Soient sans souci.
Sukhī attānaṃ parihārantu - Et que tous prennent soin de leur bonheur.

Dukkhā muccantu - Puissent-ils être libérés de la souffrance,
Yathā laddha sampattito māvigacchantu - qu'ils ne perdent pas ce qu'ils ont acquis,
Kammassakā – en fonction de leurs propres actes.

Purathimaya disaya - dans la direction de l'Est
pacchimaya disaya - dans la direction de l'Ouest
uttaraya disaya - dans la direction du Nord
dakkhinaya disaya - dans la direction du Sud
purathimaya anudisaya - dans la direction du Sud-Est
pacchimaya anudisaya - dans la direction du Nord-Ouest
uttaraya anudisaya - dans la direction du Nord-Est
dakkhinaya anudisaya - dans la direction du Sud-Ouest
hetthimaya disaya - dans la direction en dessous
uparimaya disaya - dans la direction au-dessus

Sabbe sattā, Sabbe pānā, Sabbe bhutā, Sabbe puggalā, Sabbe attabhāva, pariyāpannā
Que tous les êtres, tous les êtres qui respirent, toutes les créatures, toutes les personnes, tous les types d'individus existants,
Sabbā itthiyo, Sabbe purisā, Sabbe ariyā, Sabbe anariyā, Sabbe devā, Sabbe manussā, Sabbe vinipātikā

Toutes les femmes, tous les hommes, tous les nobles, tous les non-nobles, tous les êtres divins, tous les humains, tous ceux qui sont dans un état malheureux,

Averā hontu- Soient sans hostilité.

Abyāpajjā hontu - Soient sans haine.

Anighā hontu - Soient sans souci.

Sukhī attānaṃ parihārantu - Et que tous prennent soin de leur bonheur.

Dukkhā muccantu - Puissent-ils être libérés de la souffrance,

Yathā laddha sampattito māvigacchantu - qu'ils ne perdent pas ce qu'ils ont acquis,

Kammassakā - en fonction de leurs propres actes.

Uddhaṁ yāva bhavaggā ca - Aussi loin que les plus hautes existences,

Adho yāva avīcito - Et aussi loin que les plus basses existences,

Samantā cakkavālesu - Dans l'univers tout entier,

Ye sattā pathavī-carā - Que tous les êtres qui se déplacent sur la **terre,**

Abyāpajjhā niverā ca - Soient sans haine et sans hostilité,

Niddukkhā ca nupaddavā - Libres de la souffrance et de la détresse.

Uddhaṁ yāva bhavaggā ca - Aussi loin que les plus hautes existences,

Adho yāva avīcito - Et aussi loin que les plus basses existences,

Samantā cakkavālesu - Dans l'univers tout entier,

Ye sattā udake-carā - Que tous les êtres qui se déplacent dans **l'eau,**

Abyāpajjhā niverā ca - Soient sans haine et sans hostilité,

Niddukkhā ca nupaddavā - Libres de la souffrance et de la détresse.

Uddhaṁ yāva bhavaggā ca - Aussi loin que les plus hautes existences,

Adho yāva avīcito - Et aussi loin que les plus basses existences,

Samantā cakkavālesu - Dans l'univers tout entier,

Ye sattā ākāse-carā - Que tous les êtres qui se déplacent dans **l'air,**

Abyāpajjhā niverā ca - Soient sans haine et sans hostilité,

Niddukkhā ca nupaddavā - Libres de la souffrance et de la détresse.

Sādhu, sādhu, sādhu

Bien dit, bien dit, bien dit.

Texte universel de durée moyenne

Des résumés de ce texte peuvent être utiles pour des pratiques plus courtes en fonction du temps disponible. N'importe quel passage peut être utilisé. Une synthèse reprend ici le metta envers soi-même, envers tous les êtres, les trois autres demeures divines de compassion, joie altruiste et équanimité, puis une diffusion dans toutes les dix directions à tous les êtres.

Ahaṁ avero homi – Puissé-je être sans hostilité,

Abyāpajjho homi - être sans haine,

Anīgho homi - être sans souci,

Sukhī attānaṁ pariharāmi. – et prendre soin de moi-même pour être heureux.

Sabbe sattā averā hontu- Que tous les êtres soient sans hostilité.

Sabbe sattā abyāpajjā hontu - Que tous les êtres soient sans haine.

Sabbe sattā anighā hontu - Que tous les êtres soient sans souci.

Sabbe sattā sukhī attānaṃ pariharantu - Que tous les êtres prennent soin de leur bonheur.

Dukkhā muccantu - Puissent-ils être libérés de la souffrance,

Yathā laddha sampattito māvigacchantu - qu'ils ne perdent pas ce qu'ils ont acquis,

Kammassakā – en fonction de leurs propres actes.

Purathimaya disaya - dans la direction de l'Est

pacchimaya disaya - dans la direction de l'Ouest

uttaraya disaya - dans la direction du Nord

dakkhinaya disaya - dans la direction du Sud

purathimaya anudisaya - dans la direction du Sud-Est

pacchimaya anudisaya - dans la direction du Nord-Ouest

uttaraya anudisaya - dans la direction du Nord-Est

dakkhinaya anudisaya - dans la direction du Sud-Ouest

hetthimaya disaya - dans la direction en dessous
uparimaya disaya - dans la direction au-dessus

Texte universel condensé très court:

Si c'est encore trop long, voici les quatre souhaits essentiels en français :

Que tous les êtres soient sans hostilité. (Sabbe sattā averā hontu)

Que tous les êtres soient sans haine. (Sabbe sattā abyāpajjā hontu)

Que tous les êtres soient sans souci. (Sabbe sattā anighā hontu)

Que tous les êtres prennent soin de leur bonheur. (Sabbe sattā sukhī attānaṃ parihārantu)

Ou en plus court :
Que tous les êtres soient sans hostilité,
sans haine,
sans souci.
Qu'ils prennent soin de leur bonheur.

Pratique d'une seconde: phrase ou Mantra du Metta Sutta:

Pour une pratique encore plus courte, il suffit de reprendre la phrase essentielle du Metta Sutta :

Que tous les êtres soient heureux ! (Sabbe sattā bhavantu sukhitattā ou Sabbe sattā sukhitā hontu[1])

Cela peut devenir un mantra, c'est-à-dire une phrase mentale que l'on répète pour se concentrer.

Une pratique de quelques secondes peut prêter à sourire, mais c'est toujours mieux que zéro seconde dans une journée. Souvenons-nous que même une seconde d'esprit bienveillant est à honorer :

> *« Moines, si un moine porte son attention sur une pensée de bonté, ne serait que le temps d'un claquement de doigt, on l'appelle un moine. Sa méditation n'est pas vaine. Il agit conformément à l'enseignement du Bouddha. Il suit ses conseils. Il ne mange pas en vain l'aumône des gens. Et à plus forte raison s'il le fait abondamment ! »*
>
> *— (AN 1.55 Accharā Saṅghāṭa Sutta, Le claquement de doigt)*

1. "Sabbasattā bhavantu sukhitattā" se traduit en français par "Que tous les êtres soient heureux !" "Bhavantu" est une forme conjuguée du verbe "bhavati" signifiant "être" ou "devenir" qui exprime un souhait ou une aspiration, et "sukhitattā" signifie "bonheur" ou "joie." La forme "bhavantu" est la 3e personne du pluriel de l'impératif présent du verbe "bhavati". Ainsi, cette phrase exprime le souhait que tous les êtres connaissent le bonheur. "Sabbe sattā sukhitā hontu" se traduit également en français par "Que tous les êtres soient heureux !" Cette expression utilise la forme du verbe "sont" (hontu). "Hontu" est dérivé du verbe "hoti" en pali, qui signifie "être" ou "devenir". "Hontu" est la forme optative ou impérative de ce verbe, ce qui signifie qu'il est utilisé pour souhaiter que quelque chose se produise ou pour bénir quelqu'un. La forme impérative "hontu" est une forme invariable. Elle est souvent utilisée de manière similaire pour exprimer un souhait ou une aspiration envers le bonheur de tous les êtres.

5.2 S'imprégner des Quatre Demeures Divines

Les Quatre Demeures Divines (Brahma Vihāra) que sont la bienveillance, la compassion, la joie et l'équanimité se définissent à travers les souhaits suivants, qui incluent la bienveillance pour progresser jusqu'à l'équanimité.

Metta – Bienveillance

Ahaṁ sukhīto homi niddukkho homi - **Puissé-je être heureux, sans souffrance,**

Avero homi – **Puissé-je : être sans hostilité,**
Abyāpajjho homi - **être sans haine,**
Anīgho homi - **être sans souci,**
Sukhī attānaṁ pariharāmi. – **et prendre soin de moi-même pour être heureux.**

Sabbe sattā sukhitā hontu. **Que tous les êtres soient heureux !**

Sabbe sattā averā hontu- **Que tous les êtres soient sans hostilité.**
Sabbe sattā abyāpajjā hontu - **Que tous les êtres soient sans haine.**
Sabbe sattā anighā hontu - **Que tous les êtres soient sans souci.**
Sabbe sattā sukhī attānaṃ parihārantu –
Que tous les êtres prennent soin de leur bonheur.

Karunā - Compassion

Sabbe sattā sabba-dukkhā pamuccantu –
Que tous les êtres soient libres de toute souffrance !

Muditā – Joie altruiste

Sabbe sattā laddha-sampattito mā vigacchantu. –
Que tous les êtres puissent garder ce qu'ils ont acquis.

Upekkha - Equanimité

Sabbe sattā kammassakā
kamma-dāyādā
kamma-yonī
kamma-bandhū
kamma-paṭisaraṇā.
Tous les êtres sont les propriétaires de leurs actions,
héritiers de leurs actions,
nés de leurs actions,
liés à leurs actions,
et dépendent de leurs actions.

Yaṁ kammaṁ karissanti kalyāṇaṁ vā pāpakaṁ vā tassa dāyādā bhavissanti.

Les actions qu'ils feront, bonnes ou mauvaises, seront leur héritage.

5.3 La diffusion des Quatre Demeures Divines (Brahma Vihāra) dans les quatre directions

Le texte ci-dessous répond à la question de savoir comment un pratiquant développe les Quatre demeures divines. Ce passage se retrouve dans le Canon pali à différents endroits, par exemple dans de nombreux suttas (Subha Sutta, MN 99, ou Cūḷa-assapura Sutta, MN40)[1] ou dans le Brahmavihara Sutta[2]. Il est fréquemment récité et pratiqué dans les monastères et les retraites de méditation.

En français:

Je demeure en diffusant l'esprit imprégné de **bienveillance** dans une direction, de même pour la deuxième, de même pour la troisième, de même pour la quatrième.

Ainsi, j'enveloppe tout l'univers, vers le haut, vers le bas, horizontalement et partout, en tout le monde comme à moi-même, avec un esprit imprégné d'amour bienveillant, abondant, exalté, illimité, sans hostilité, sans haine.

Je demeure en diffusant l'esprit imprégné de **compassion** dans une direction, de même pour la deuxième, de même pour la troisième, de même pour la quatrième.

1. https://suttacentral.net/mn99/en/sujato et https://suttacentral.net/mn40/en/horner
2. Brahmavihara Sutta: The Sublime Attitudes" (AN 10.208), translated from the Pali by Thanissaro Bhikkhu. Access to Insight, http://www.accesstoinsight.org/tipitaka/an/an10/an10.208.than.html ou sous un autre numéro (AN 10.219) le Karajakāya sutta: https://suttacentral.net/an10.219/en/sujato

Ainsi, j'enveloppe tout l'univers, vers le haut, vers le bas, horizontalement et partout, en tout le monde comme à moi-même, avec un esprit imprégné de compassion, abondant, exalté, illimité, sans hostilité, sans haine.

Je demeure en diffusant l'esprit imprégné de **joie** dans une direction, de même pour la deuxième, de même pour la troisième, de même pour la quatrième.

Ainsi, j'enveloppe tout l'univers, vers le haut, vers le bas, horizontalement et partout, en tout le monde comme à moi-même, avec un esprit imprégné de joie, abondant, exalté, illimité, sans hostilité, sans haine.

Je demeure en diffusant l'esprit imprégné **d'équanimité** dans une direction, de même pour la deuxième, de même pour la troisième, de même pour la quatrième.

Ainsi, j'enveloppe tout l'univers, vers le haut, vers le bas, horizontalement et partout, en tout le monde comme à moi-même, avec un esprit imprégné d'équanimité, abondant, exalté, illimité, sans hostilité, sans haine.

En pali:

Mettā-sahagatena cetasā ekaṃ disaṃ pharitvā viharati

tathā dutiyaṃ tathā tatiyaṃ tathā catutthaṃ

iti uddhamadho tiriyaṃ sabbadhi sabbattatāya sabbavantaṃ lokaṃ

mettā-sahagatena cetasā vipulena mahaggatena appamāṇena averena

abyāpajjhena pharitvā viharati

Karuṇā-sahagatena cetasā ekaṃ disaṃ pharitvā viharati
tathā dutiyaṃ tathā tatiyaṃ tathā catutthaṃ
iti uddhamadho tiriyaṃ sabbadhi sabbattatāya sabbavantaṃ lokaṃ
karuṇā-sahagatena cetasā vipulena mahaggatena appamāṇena averena
abyāpajjhena pharitvā viharati

Muditā-sahagatena cetasā ekaṃ disaṃ pharitvā viharati
tathā dutiyaṃ tathā tatiyaṃ tathā catutthaṃ
iti uddhamadho tiriyaṃ sabbadhi sabbattatāya sabbavantaṃ lokaṃ
muditā-sahagatena cetasā vipulena mahaggatena appamāṇena averena
abyāpajjhena pharitvā viharati

Upekkhā-sahagatena cetasā ekaṃ disaṃ pharitvā viharati
tathā dutiyaṃ tathā tatiyaṃ tathā catutthaṃ
iti uddhamadho tiriyaṃ sabbadhi sabbattatāya sabbavantaṃ lokaṃ
upekkhā-sahagatena cetasā vipulena mahaggatena appamāṇena averena
abyāpajjhena pharitvā viharati

5.4 Les absorptions méditatives ou immersions dans le grand calme (jhana)

Dans tous ces textes, chaque phrase peut être un « objet » de méditation et une méditation en elle-même, sans avoir forcément besoin de multiplier les objets de bienveillance. On peut ainsi s'absorber dans chaque souhait de bienveillance envers les autres indépendamment, ce qui n'est pas le cas pour les Quatre demeures divines, où la progression de la méditation suit un développement logique de la bienveillance à l'équanimité.

Les méditations de la bienveillance envers les autres peuvent nous aspirer dans des états de grand calme que l'on peut classer en 5 étapes (cf. tableau ci-dessous) en fonction de leurs constituants. Classiquement, dans le Visuddhi Magga, cinq étapes d'absorption sont distinguées en fonction de la présence de cinq facteurs d'immersion[1].

Ces étapes décrivent un début de méditation qui comporte un petit effort attentionnel pour diriger ou au moins orienter l'attention (*vitakka*) et la maintenir (*vicara*) sur l'émotion d'amour. Notre attention est ensuite comme « aspirée » et maintenue par l'aspect très plaisant à la fois corporel (*piti*) et mental (*sukha*). C'est l'avantage de

1. Ces cinq facteurs d'absorption sont souvent traduits de l'anglais par « application initiale » pour *vitakka*, « application continue » pour *vicara* et « joie extatique » pour *piti*. Ces traductions sont toutefois souvent obscures pour la plupart des méditants, même lorsqu'ils traversent des états d'absorption sans le savoir. Nous les avons remplacés respectivement par « orientation de l'attention », « maintien de l'attention » et « ressenti corporel agréable », qui sont des termes plus compréhensibles et équivalents à ceux utilisés en neuropsychologie de l'attention.

demeurer dans une émotion agréable : elle concentre facilement. Cela se fait sans avidité, sans volonté d'obtenir ces états, et en se laissant aller à l'état d'esprit attendri de la bienveillance.

Plus l'immersion s'affine, plus les facteurs d'attention demandant un effort disparaissent pour laisser la place à *piti* et *sukkha*. *Piti* est la joie extatique corporelle, comme des frissons ou des sensations subtiles plaisantes ou dans tous les cas un ressenti corporel agréable. *Sukha* est un sentiment de bien-être. Ces deux états finissent par disparaître dans le calme profond marqué par l'équanimité (*upekkhā*).

Dans cet état d'équanimité avec l'esprit bien concentré et unifié (*ekaggata*), orienter l'esprit vers le plaisant peut apparaître comme un effort. Les facteurs plaisants plus grossiers finissent donc par se dissoudre dans le grand calme profond et impartial, sans effort. Dans cet état d'équanimité, la bienveillance en tant qu'objet de méditation tend également à disparaître, car il est plutôt intrinsèquement agréable.

Les étapes ne sont pas toujours faciles à distinguer pendant l'immersion, qui n'est pas un état généralement très conscient, car la reconnaissance mentale se désactive, et surtout si la présence de ces facteurs est subtile, leur dissolution dans le calme le sera tout autant. La concentration (*ekaggata*) isole l'esprit (*citta viveka*) des stimuli. Nous ne sommes plus à leur contact, ce qui peut être intéressant dans le cas de la douleur notamment.

On passe dans tous les cas un bon moment dans un état agréable hors du commun pour la plupart des gens.

1er jhāna	**vitakka** Orientation de l'attention	**vicāra** Maintien de l'attention	**pīti** Ressenti corporel agréable	**sukha** Bien-être mental	**ekaggata** Concentration fixée sur une (*eka*) seule chose, unification de l'attention
2e jhāna		**vicāra**	**pīti**	**sukha**	**ekaggata**
3e jhāna			**pīti**	**sukha**	**ekaggata**
4e jhāna				**sukha**	**ekaggata**
5e jhāna				**upekkhā**	**ekaggata**

Ces absorptions méditatives transforment notre cerveau et introduisent une dimension profonde de calme qui réorientent nos choix et nos réactions du quotidien.

5.5 Méthode du Visuddhi Magga pour développer les absorptions méditatives

Une méthode structurée de méditation de la bienveillance afin de développer ces absorptions méditatives est contenue dans le Visuddhi Magga[1] (« Chemin de la Purification »), un traité de méditation de presque 1000 pages écrit par Buddhaghosa au ve siècle après J.C, que nous synthétisons ici.

1. NANAMOLI, Bhikkhu, BUDDHAGHOSA, Bhadantacariya, *et al.* Visuddhimagga: The path of purification. 2003.

Il est fortement recommandé de méditer avec l'aide d'un enseignant ayant beaucoup d'expérience de cette méthode de méditation, car elle peut être très intensive en attention focalisée, avec de l'imagination et très peu de recul puisqu'il s'agit de s'immerger dans l'objet de méditation qui est la bienveillance. Ce manque de recul peut être compensé par une personne extérieure experte.

Avant de commencer la méditation de l'amour universel, le « Chemin de la purification » nous invite à examiner les dangers de la haine et de la colère et les avantages de la patience, comme nous l'avons vu dans une partie précédente (« Comment se détacher de la colère avant de pratiquer la bienveillance ? »).

Quatre catégories d'êtres, selon notre facilité à être bienveillant

Le texte du Chemin de la purification explique l'ordre recommandé pour développer la bienveillance de façon structurée, mettant en avant les quatre étapes suivantes de degré d'appréciation des êtres, du plus facile au plus difficile :

1. Commencer par s'aimer soi-même (atta).
2. Ensuite, aimer et respecter une personne que vous appréciez (piya).
3. Poursuivre avec une personne neutre (majjhatta).
4. Enfin, diriger cette bienveillance vers une personne que l'on n'aime pas ou un ennemi (veri).

Pourquoi commencer par soi-même ?

La bienveillance envers soi-même est la première étape, non pas dans le but de s'absorber, mais pour s'en servir comme point de référence. En développant la bienveillance envers soi, on peut comprendre que tout être aspire au bonheur, à éviter la souffrance, à vivre longtemps et à ne pas mourir. Ce qui vaut pour nous vaut pour les autres. Le souhait doit être universel.

Les quatre souhaits

Pour renforcer cette bienveillance envers soi, le monastère de Pa Auk au Myanmar suggère de méditer sur quatre pensées :

1. Être à l'abri du danger.
2. Être libéré de la souffrance mentale.
3. Être libéré de la douleur physique.
4. Être bien portant et heureux.

D'après notre traduction dans le chant de Metta, ces quatre souhaits peuvent être traduits plus littéralement par :

1. Être sans hostilité. (Ahaṁ avero homi)
2. Être sans haine. (Abyāpajjho homi)
3. Être sans inquiétudes. (Anīgho homi)
4. Prendre soin de moi-même pour être heureux. (Sukhī attānaṁ pariharāmi)

Nous vous proposons de choisir ce qui génère le plus facilement un sentiment de bienveillance parmi ces traductions.

Les trois autres catégories d'êtres

Une fois que cette bienveillance envers soi est forte et que l'esprit est doux, aimable, compréhensif et empathique, on peut alors commencer à développer la bienveillance envers les trois autres catégories d'êtres (appréciés, neutres, non appréciés) avec les mêmes souhaits. Cela est continué jusqu'au troisième niveau d'absorption (*jhana*) constitué par *pīti* ou ressenti corporel agréable, *sukha* ou bien-être mental, *ekaggata* ou unification de l'attention.

Pour la ou les personnes que l'on apprécie, le texte recommande d'éviter de choisir une personne décédée, afin de ne pas faire naître des regrets ou de la tristesse liée à la perte, ou une personne faisant naître du désir sexuel.

Si vous ressentez de la colère envers la personne hostile, le Visuddhi Magga préconise la méthode suivante :

> *« Si de la rancune surgit, en lui quand il se concentre sur une personne hostile à cause des torts commis par cette personne dont il se souvient, il devrait se débarrasser de la rancune en entrant régulièrement dans la bienveillance [en immersion] envers n'importe laquelle des personnes mentionnées précédemment, puis, après chaque émergence, diriger la bienveillance envers cette personne. »*

La bienveillance sans distinction

En pratiquant jusqu'au troisième jhana envers quatre catégories de personnes (aimées, neutres, « ennemies », et soi-même), on peut progressivement égaliser son amour envers tous les individus. L'objectif est de développer une bienveillance sans distinction (*simasambheda*) envers toute personne. Pour ce faire, on commence par développer la concentration méditative puis on envoie brièvement de la bienveillance à soi-même. Ensuite, on envoie de la bienveillance à une personne aimée, une personne neutre et une personne ennemie jusqu'à atteindre le troisième jhana pour chacune d'elles. On répète ce processus en changeant les personnes à chaque tour, ce qui permet de développer la bienveillance sans distinction envers tous.

Du proche au lointain

Une fois que vous êtes capable de diffuser la bienveillance de manière uniforme envers n'importe qui sans distinction, choisissez un espace géographique du plus petit au plus grand, tel qu'une maison, un village, une région, un État, un pays, ou même l'univers. Prenez tous les êtres qui s'y trouvent comme objet de méditation.

Les 528 types d'orientation de la bienveillance

La méthode de développement de la bienveillance dans le Patisambhida Magga[1] est ensuite utilisée, ce qui comprend cinq types de diffusion « non spécifiée », sept types de diffusion « spécifiée » et dix types de diffusion directionnelle.

1. Cf. « Chant de Metta » vu précédemment.

Cinq types de diffusion non spécifiée :

1. Tous les êtres (Sabbe sattā)
2. Tous les êtres qui respirent (Sabbe pānā)
3. Toutes les créatures (Sabbe bhutā)
4. Toutes les personnes (Sabbe puggalā)
5. Tous les types d'individus existants (Sabbe attabhāva pariyāpannā)

Ces cinq catégories se distinguent en fait très peu, mais c'est une façon de faire varier la perception mentale en cassant la monotonie et de renouveler ainsi la concentration.

Sept types de diffusion spécifiée :

1. Toutes les femmes (Sabbā itthiyo)
2. Tous les hommes (Sabbe purisā)
3. Tous les êtres éclairés (Sabbe ariyā)
4. Tous les êtres non éclairés (Sabbe anariyā)
5. Tous les devas ou les esprits de lumière (Sabbe devā)
6. Tous les humains (Sabbe manussā)
7. Tous ceux qui sont dans un état (un monde) malheureux (Sabbe vinipātikā)

Dix types de diffusion directionnelle :

1. À l'est
2. À l'ouest
3. Au sud
4. Au nord
5. Au sud-est
6. Au sud-ouest
7. Au nord-ouest
8. Au nord-est
9. Au-dessus
10. Au-dessous

On commence par prendre les 5 types non spécifiés et les 7 types spécifiés comme cibles de la bienveillance, ce qui fait 12 types de méditation auxquels s'appliquent les 4 souhaits à chacun des 12 types. Cela fait donc au total 48 types de diffusion de la bienveillance, dans un niveau géographique donné, dans lesquelles l'esprit peut fusionner, s'absorber jusqu'à atteindre le troisième niveau d'absorption dans le grand calme. Plus c'est facile, plus le niveau géographique s'agrandit aisément.

Nous pouvons alors laisser la bienveillance rayonner dans les dix directions. Nous reprenons les 48 types précédents de diffusion de la bienveillance pour les appliquer à chacune des 10 directions. Cela fait en tout 480 façons de faire rayonner la bienveillance. En y ajoutant les 48 premières façons constituées par les 4 souhaits appliqués aux 12 types, cela fera en tout 528 types d'applications de la bienveillance.

Pour pratiquer la diffusion de la bienveillance en fonction de la direction, commencez par prendre tous les êtres qui se trouvent dans une direction donnée, par exemple, à l'est de vous, comme objet de méditation. Lorsque vous êtes capable de les inclure, laissez rayonner la bienveillance envers eux en utilisant les 48 façons mentionnées précédemment. Répétez ce processus pour toutes les autres directions, à l'ouest, au nord, au sud, etc.

Chaque type peut être l'occasion de demeurer dans le troisième niveau d'absorption (*pīti* ou ressenti corporel agréable, *sukha* ou bien-être mental, *ekaggata* ou unification de l'attention).

Après ces méditations, il est possible de reprendre les méditations du Metta Sutta par exemple.

6. Les limites de la pratique de Metta

La nécessité d'une pratique méditative de pleine conscience (vipassana)

Une pratique de pleine conscience doit accompagner une pratique de bienveillance pour plusieurs raisons.

Une pratique de Metta sans pleine conscience peut être vouée à l'échec si elle ne fait qu'introduire des règles morales mentales à partir desquelles l'individu va se juger. Le sutta comporte de nombreuses recommandations comportementales qu'il serait difficile de mettre en place sans une conscience bienveillante qui accueille nos réactions négatives, sans s'y identifier (conformément au concept d'*anatta*). Rien que le fait de ne pas être bienveillant, irrité ou se mettre en colère pourrait créer des jugements négatifs sur soi-même, dans la mesure où l'image idéale de soi ne serait pas cohérente avec la réalité. Or, la bienveillance suppose de pouvoir voir ces mécanismes d'images de soi ou de comparaison, sans rentrer dedans et sans se juger. Elle suppose une certaine pratique de pouvoir accueillir tout ce que l'on n'aime pas et que l'on ne veut pas. Mettre en pratique Metta nécessite donc une pratique de pleine conscience ou vipassana qui cultive une conscience non-réactive de ces phénomènes mentaux du concept de soi.

Outre le jugement sur soi-même, les règles morales sont souvent utilisées pour juger les autres. Sans pratique profonde de l'observation des pensées et des réactions affectives (méditation), cela pourrait se transformer en une forme d'inquisition moraliste et rigide pour condamner les autres. Il est parfaitement clair dans les suttas que ce genre de démarche est elle-même non vertueuse dans l'esprit et produit des effets délétères dans les relations et la société.

La pratique du non-attachement aux pensées et aux réactions affectives repose le mental et son caractère compulsif à s'occuper constamment, à s'identifier à tout ce qui nous passe par l'esprit, aux règles, aux gens, etc. Elle produit une sorte d'amour non-attaché, qui ne peut pas partir en croisade contre la haine, pour produire de la haine contre la haine. Ce n'est pas la haine de la haine qui va créer de l'amour. On n'en sort pas. Seule une base saine de compréhension détachée, de discernement, de sagesse, va nous aider à faire grandir et briller un amour pur.

De même, pour la colère envers les autres, observer son esprit et ses réactions facilite l'abstention de comportements de mépris ou de souhaiter du mal à quelqu'un intérieurement (verset 6). Cette claire observation de l'esprit facilite la non-violence et les relations plus positives entre êtres humains. La relecture fréquente des versets 1 à 3 et du verset 6 sur la colère et l'aversion, avec leurs commentaires, peut être un garde-fou utile dans les moments où la colère pourrait nous emporter.

Enfin, la méditation du calme (*samatha*) sur Metta, non accompagnée d'un guide extérieur expert, peut manquer de recul. Elle comporte une utilisation intensive d'une attention focalisée, avec de l'imagination et très peu de distance puisqu'il s'agit de s'immerger dans l'objet de méditation qui est la bienveillance et le calme. Ce manque de recul peut être compensé partiellement par un temps plus important de méditation vipassana parfaitement maîtrisée.

Pratiquer Metta sans le concept d'un moi individuel

Une grande partie des pratiques de bienveillance renforce le concept d'"individu" dans la mesure où, dans certains textes, nous dirigeons de la bienveillance envers nous-mêmes et envers les autres êtres, parfois même en fonction de catégories de préférences personnelles. Cela peut être gênant lorsque l'on découvre le caractère impersonnel des phénomènes physiques et mentaux (*anatta*) que l'on appelle communément « moi » et l'aspect très relatif de la perception mentale et affective qui constitue le moi. Nous pouvons voir à chaque instant que la construction mentale du « moi » apparaît depuis la réalité du vide (*suññata*) de l'espace conscient et à partir de ce vide qui est la base de tout et imprègne tout.

Une façon de diminuer l'importance du concept d'individu est de diriger la bienveillance vers le corps et le mental au lieu de « moi ». Il n'y a ainsi pas d'identification.

De même, lorsque l'on s'immerge dans la bienveillance sans limites pour tous les êtres, il n'est pas nécessaire d'aller dans les distinctions. Cela s'accorde parfaitement avec les versets 4, 7 et 8 du Karaniya Metta Sutta qui prône une absence de distinction et de limite. Le trait commun de tous les êtres est la vie, peu importe ses formes. Nous nous immergeons ainsi dans la Vie sans forme qui sous-tend toutes les formes, sans aller dans la pensée. Nous nous imprégnons du Sans forme qui prend toutes les formes, ou autrement dit du « vide qui est la forme et de la forme qui est le vide » pour paraphraser le Soutra du cœur de la perfection de la sagesse.

Ne pas tomber dans la naïveté d'un monde idéal et prendre en compte de façon réfléchie les dangers et les dilemmes éthiques

La notion de bienveillance universelle peut paraître naïve ou difficile à appliquer en ce sens qu'il existe des êtres vivants réellement dangereux pour nous dont il faut se protéger, que cela soit des personnes, des insectes ou des animaux. Cela rend l'application de la bienveillance plus complexe.

Comme nous l'avons indiqué dans le commentaire du verset 7, le Metta Sutta vise à **un point de vue équilibré. Il ne s'agit pas d'aimer les autres plus que l'on s'aimerait soi-même, mais d'essayer de comprendre les autres comme soi-même**. Metta est une bienveillance envers nous et envers les autres. Du point de vue transcendantal, c'est la bienveillance de la vie envers elle-même, plutôt que d'individus envers d'autres individus. Mais en tant qu'individu en relation avec d'autres individus, nous avons tous des contraintes et des intérêts parfois différents, voire divergents, ce qui est susceptible de créer des conflits plutôt que de la coopération. Les pratiques de la bienveillance sont essentiellement des invitations à l'empathie, à la compassion et à la pleine conscience pour des interactions plus harmonieuses, car ce ne sont pas des qualités faciles à maintenir dans les situations inévitables d'adversité.

On pourrait trouver de nombreux exemples dans les suttas où le Bouddha encourage à être prudent et à se protéger. Cela n'encourage en aucun cas l'acceptation passive du préjudice, mais au contraire une réponse sage et habile qui peut être d'établir des limites saines, ou de prendre des mesures pour se protéger du danger, ou de chercher de l'aide.

Cette bienveillance encourage une pensée plus complexe faite de compréhension des causes sous-jacentes à un conflit pour le prévenir ou minimiser les dommages.

En incluant tous les êtres vivants dans notre bienveillance, l'objectif est de minimiser la souffrance, même en ce qui concerne les petits êtres que sont les insectes. Par exemple, la question de tuer ou de ne pas tuer les moustiques peut être problématique. Dans l'idéal, on chercherait des moyens non violents de gérer les moustiques, tels que l'utilisation de moustiquaires, de répulsifs ou d'autres méthodes de dissuasion. Mais il reste qu'ils peuvent représenter un risque majeur pour la santé humaine, en propageant de maladies mortelles ou incapacitantes. Dans cette perspective, cela peut constituer un dilemme éthique de concilier cette idée de non-violence avec la nécessité de se protéger et de protéger les autres êtres humains du risque de propagation.

Il existe un sutta de bienveillance concernant les serpents dangereux (AN 4.67). Dans ce texte, le Bouddha apprend aux moines un chant pour répandre la bienveillance envers les serpents et autres créatures rampantes (serpents, scorpions, mille-pattes, araignées, lézards, rats). Le texte conclut toutefois que vivre séparément est parfois la meilleure solution pour éviter de se faire du mal, notamment entre des espèces différentes.

J'ai de la bienveillance envers les êtres sans pieds,
de la bienveillance envers les êtres à deux pattes,
de la bienveillance envers les êtres à quatre pattes,
de la bienveillance envers les êtres aux nombreuses pattes.
Que les êtres sans pieds ne me fassent aucun mal.
Que les êtres à deux pattes ne me fassent aucun mal.
Que les êtres à quatre pattes ne me fassent aucun mal.
Que les êtres aux nombreuses pattes ne me fassent aucun mal.
Que toutes les créatures,
toutes les choses vivantes,
tous les êtres
—chacun d'entre eux—
rencontrent la bonne fortune.
Qu'aucun d'entre eux ne connaisse le mal.
Le Bouddha est sans limites,
le Dhamma est sans limites,
le Sangha est sans limites.
Il y a une limite pour les créatures rampantes :

serpents, scorpions, mille-pattes,
araignées, lézards et rats.
J'ai établi cette protection,
j'ai créé cette sauvegarde.
Que les êtres s'en aillent.

— *(AN 4.67, Ahinā Sutta, Par un serpent)*

Ce texte reconnaît l'importance d'**établir des limites saines avec les êtres potentiellement dangereux** (« *Il y a une limite* »), **tout en gardant un esprit de bienveillance** à leur égard et un souhait qu'ils ne nous fassent aucun mal. Le souhait qu'ils partent (« *Que les êtres s'en aillent* ») à la fin est sans ambiguïté sur la nécessité d'agir pour se préserver des dangers probables.

Les dilemmes éthiques nous poussent ainsi à réfléchir aux façons d'appliquer concrètement l'état d'esprit bienveillant aux circonstances particulières du monde. La bienveillance, en pleine conscience du contexte, nous permet de nous y adapter avec discernement plutôt que de suivre une règle rigide.

Conclusion

Le chemin de la philosophie bouddhiste est finalement une recherche ancienne et toujours d'actualité de la paix dans l'esprit et entre les êtres humains. Après tout, nos interactions humaines reflètent le fonctionnement de notre esprit dont elles sont issues. À l'heure où le monde est toujours habité pas des conflits et des guerres, le bouddhisme utilise la raison contre les passions destructrices, comme le fait la philosophie, mais invite également à une conscience détachée de notre propre mental et de ses réactions affectives. À travers la pleine conscience et la bienveillance, il fournit des moyens concrets d'éclairer et de vivre les mécanismes de la haine et de l'avidité à la fois avec sensibilité et recul, pour nourrir une compréhension psychologique directe, sage et libératrice.

Nous vous souhaitons, cher lecteur, de vivre en paix et heureux !

Puissent tous les êtres vivre en paix et heureux !

IV.

TRADUCTION MOT À MOT DU TEXTE PALI DU METTA SUTTA

Pour chaque verset, nous indiquons la traduction française, puis le texte pali et enfin la traduction en français de chaque mot du texte.

Nous espérons ainsi que la compréhension des termes puisse aider à la mémorisation, à l'intériorisation et à la psalmodie du texte.

Verset 1

> Voici ce que l'on peut faire quand on sait ce qui est bénéfique,
> Et que l'on comprend la voie de la paix:
> Être capable, droit et honnête,
> Aimable, doux et humble,
>
> Karaṇīyamatthakusalena,
> Yanta santaṁ padaṁ abhisamecca;
> Sakko ujū ca suhujū ca,
> Sūvaco cassa mudu anatimānī.

Le terme pali « Karaṇīyam atthakusalena » peut être décomposé et analysé de la manière suivante :

1. « Karaṇīyam »: « karaṇīyam » provient du verbe pali « karoti », qui signifie « faire ». Il s'agit du singulier neutre de l'adjectif « karaṇīya,» qui signifie « ce qui doit être fait » ou « à faire.»

2. « Atthakusalena »: Cette expression est formée de deux mots :
   - « Attha »: Il signifie « bien » ou « ce qui est bénéfique » ou « ce qui est bon ».
   - « Kusala »: C'est un adjectif qui signifie « vertueux,» « habile,» ou « bénéfique », « bien » ou « positif ». Le suffixe «-ena » est utilisé pour indiquer l'instrument, la manière ou la qualité. C'est la déclinaison au cas instrumental singulier.

Ainsi, « atthakusalena » peut être traduit comme « par ce qui est bien », « avec ce qui est vertueux », « à travers ce qui est bénéfique », ou quelque chose de similaire. C'est une directive pour agir en suivant ce qui est bon, bénéfique ou vertueux.

La majorité des vingt traductions anglaises consultées introduisent l'idée de savoir ce qui est bénéfique en parlant d'être sage ou compétent (skill) en bonté.

La phrase « Karaṇīyam atthakusalena » peut être traduite comme « Voici ce que l'on peut faire quand on sait ce qui est bénéfique ». Cette traduction capture bien l'idée que « Karaṇīyam » renvoie à des actions à entreprendre ou à des choses à faire. Cette phrase introduit en effet des recommandations pour la pratique de la bienveillance universelle dans le Metta Sutta.

Yanta (alors) santaṁ (paisible) padaṁ (chemin) abhisamecca (atteindre, comprendre),

Sakko (capable) ujū (droit) ca (et) suhujū (honnête) ca (et),

1. « Ujū » : Ce terme signifie « droiture » ou « justesse ». Il décrit la qualité d'être droit, honnête, ou moralement correct. Il est souvent utilisé dans le contexte de la conduite morale et de l'éthique.
2. Suhujū signifie littéralement « bien droit ». Le préfixe « su-» est couramment utilisé en pali pour indiquer une qualité positive ou améliorée. Ajouté à « ujū » il indique une « droiture supérieure ». Le mot a été traduit par « honnête » pour ne pas répéter « droit » et préciser qu'il s'agit d'une droiture morale.

Sūvaco (aimable) ca (et) assa (et) mudu (doux) anatimānī (sans orgueil, humble).

Le mot pali « sūvaco » peut être décomposé comme suit :

1. « Sū »: Ce préfixe signifie « bien » ou « bon ». Il est souvent utilisé pour indiquer une qualité positive.
2. « Vaco »: Ce terme se réfère à la parole ou au discours.

Ainsi, « sūvaco » peut être interprété comme « celui qui a une parole ou un discours bon ou bienveillant ». C'est une qualité louable qui suggère que la personne parle de manière aimable, respectueuse envers les autres.

Verset 2

> Contenté et facilement satisfait,
> Avec peu d'obligations et une vie légère,
> Les sens en paix et prudent,
> Sans convoiter les dons des familles,
>
> Santussako ca subharo ca,
> Appakicco ca sallahukavutti;
> Santindriyo ca nipako ca,
> Appagabbho kulesu-ananugiddho.

Santussako : Contenté

Subharo : Facile à soutenir, facilement satisfait

Appakicco : Peu de tâches ou d'obligations

Sallahukavutti : vie légère

« Sallahukavutti » est une combinaison de mots pali qui peut être décomposée comme suit :

1. « Sal »: Cela signifie « facilement » ou « aisément ».
2. « Lahuka »: « léger ».
3. « Vutti »: Cela signifie « moyen de subsistance » ou « mode de vie ».

Ainsi, « sallahukavutti » peut être traduit approximativement par « un moyen de subsistance léger » ou « un mode de vie facile ». Cela peut se référer à la manière dont quelqu'un gagne sa vie de manière simple et légère, sans s'attacher excessivement aux biens matériels ou aux complexités. Nous l'avons traduit par une « vie légère ».

Santindriyo : Les sens (indriyo) en paix (santa)
Nipako : Prudent
Appagabbho : Non avide, sans convoitise
Kulesu-ananugiddho : Non attaché aux familles

1. « Kulesu »: Ce terme signifie « dans les familles » ou « parmi les groupes ».
2. « Ananugiddho » : Ce terme est composé de deux parties :
   - « An »: est une négation, indiquant « non » ou « sans ».
   - « Anugiddho: signifie « attaché » ou « impliqué ».

Traduit par « sans convoiter les dons des familles » qui s'applique d'abord aux moines qui recueillent leur nourriture quotidienne des familles laïques.

Verset 3

Et sans faire la moindre chose
Que les sages désapprouveraient.
Joyeux et en sécurité,
Que tous les êtres soient heureux.

Na ca khuddamācare kiñci,
Yena viññū pare upavadeyyuṁ;
Sukhino va khemino hontu,
Sabbe sattā bhavantu sukhitattā.

Na (Pas) ca (et) khuddamācare (aux petites actions) kiñci (n'importe quelle chose),

Yena (par lequel) viññū (les sages) pare (les autres) upavadeyyuṁ (blâmeraient);

Sukhino (Heureux) va (ou) khemino (en sécurité) hontu (puissent être),

Sabbasattā (Toutes les créatures) bhavantu (peuvent être) sukhitattā (heureuses).

Na ca : Et ne
Khuddamācare : aux petites actions
Kiñci : Quoi que ce soit
Yena : Par lequel
Viññū : Sages
Pare : Autres
Upavadeyyuṁ : Blâmer

Sukhino : Heureux. Pour ne pas répéter « heureux » avant « sukhitattā », nous l'avons traduit par « joyeux ».

Khemino : En sécurité. « Khemino » en pali peut être aussi traduit par « protégé » en français. Cela implique un état de sécurité, de protection et de tranquillité. Dans le contexte bouddhiste, « khemino » est utilisé dans les souhaits pour que tous les êtres soient en sécurité et protégés.

Hontu : Puissent-ils être

Sabbasattā : Tous les êtres

Bhavantu : Puissent-ils être

« Bhavantu » en pali est la troisième personne du pluriel de l'impératif du verbe « bhavati », qui signifie « être ». Il peut être traduit en français par « qu'ils soient », « qu'elles soient » ou « qu'il soit », en fonction du contexte. C'est souvent utilisé pour exprimer un souhait, une bénédiction ou une aspiration pour que quelque chose se réalise.

Verset 4

Quels que soient les êtres vivants,
Qu'ils soient faibles ou forts, sans en exclure aucun,
Longs ou grands,
Moyens, petits ou minuscules.

Ye keci pāṇabhūtatthi,
Tasā vā thāvarā vanavasesā;
Dīghā vā ye va mahantā,
Majjhimā rassakā aṇukathūlā.

Ye (ceux qui) keci (quelconques) panabhut'atthi (êtres vivants) Tasā (Tremblants, faibles) va (ou) thavara (forts) va (ou) anavasesa (dépourvus de distinction) Digha (les longs) va (ou) ye (qui) mahanta (grands) va (ou) Majjhima (les moyens) rassakanukathula (petits et minuscules)

Ye keci : Quels qu'ils soient

Pāṇabhūtatthi : Sont dotés de vie. Pāṇa : vie, respiration.

Tasā : Tremblant.

Vā : Ou

Thāvarā : Fixes. Le terme « thavara » en pali peut avoir plusieurs significations, et l'une d'entre elles est « fort » ou « puissant ». « thavara » peut être interprété comme se référant aux êtres immobiles, tels que les arbres et les plantes, mais il peut également avoir une connotation de force ou de solidité. « thavara » peut signifier à la fois « immobile » et « fort ».

Vanavasesā : Dépourvus de distinction

Dīghā : Longs

Mahantā : Grands

Majjhimā : Moyens

Rassakā : Courts

Aṇukathūlā : Très petits

Le terme pali « rassakā aṇukathūlā » se décompose comme suit :

1. « Rassa »: Ce mot signifie « petit » ou « de petite taille ».
2. « Kā »: C'est une particule grammaticale qui est souvent utilisée pour former des mots décrivant la taille, le genre ou d'autres caractéristiques.
3. « Aṇu »: Ce terme signifie « minuscule » ou « infime ».
4. « Kathūlā »: Ce mot se réfère aux êtres vivants ou aux créatures en général.

Verset 5

Visibles ou invisibles,
Proches ou lointains,
Nés ou à naître,
Que tous les êtres soient heureux !

Diṭṭhā vā ye va adiṭṭhā,
Ye va dūre vasanti avidūre;
Bhūtā va sambhavesī va,
Sabbasattā bhavantu sukhitattā.

Diṭṭhā : Visibles
Adiṭṭhā : Invisibles
Dūre : Loin
Vasanti : Vivent
Avidūre : Pas loin
Bhūtā : Existants
Sambhavesī : Devenant
Sabbasattā : Tous les êtres
Sukhitattā : Soient heureux

Verset 6

Que nul ne trompe autrui,
Ni ne méprise aucun être, quel qu'il soit.
Que nul, par colère ou aversion,
Ne souhaite de mal à autrui.

Na paro paraṁ nikubbetha,
Nātimaññetha katthaci naṁ kañci;
Byārosanā paṭighasañña,
Nāññamaññassa dukkhamiccheyya.

Na : Ne
Paro : Un autre
Paraṁ : Au-delà
Nikubbetha : Mépriser
Nātimaññetha : Ne pas considérer comme inférieur
Katthaci : N'importe quand
Na kañci : Ni quoi que ce soit
Naṁ kañci : Ni personne
Na kiñci : Ni rien
Byārosanā : Haine
Paṭighasañña : Sentiment de résistance, aversion
Nāññamaññassa : D'une personne à une autre
Dukkhamiccheyya : Ne souhaiterait de malheur

Verset 7

> Tout comme une mère protège de sa vie,
> Son enfant, son unique enfant.
> De même pour tous les êtres vivants,
> Cultivons cet esprit sans limites.
>
> Mātā yathā niyaṁ puttam
> Āyusā ekaputtamanurakkhe;
> Evampi sabbabhūtesu,
> Mānasaṁ bhāvaye aparimāṇaṁ.

Mātā : Comme une mère
Yathā : À son enfant
Niyam : Protectrice
Puttam : Son enfant
Āyusā : Avec sa vie
Eka-puttam-anurakkhe : Prend soin d'un unique fils

Le terme pali « anurakkhe » peut être traduit en français comme « protéger », « sauvegarder » ou « prendre soin de ». C'est un verbe qui exprime l'idée de veiller sur quelque chose, de le maintenir en sécurité ou de le préserver.

Evampi : De même
Sabbabhūtesu : À l'égard de tous les êtres
Mānasaṁ : L'esprit
Bhāvaye : Cultive
Aparimāṇaṁ : Illimité

Verset 8

> Rempli de bienveillance pour le monde entier,
> Cultivons cet esprit sans limites,
> Vers le haut, vers les bas et tout autour,
> Sans entraves, sans haine.
>
> Mettañca sabbalokasmi,
> Mānasaṁ bhāvaye aparimāṇaṁ;
> Uddhaṁ adho ca tiriyañca,
> Asambādhaṁ averamasapattaṁ.

Mettañca : Ainsi la bienveillance
Sabbalokasmi : Dans tout le monde
Uddhaṁ : En haut
Adho : En bas
Tiriyañca : à travers, transverse, à l'horizontale, tout autour
Asambādhaṁ : Sans hostilité
Averamasapattaṁ : Sans haine

Verset 9

> Que l'on soit debout, en marchant, assis ou allongé,
> Tant que l'on est alerte,
> Cela devrait être gardé à l'esprit,
> C'est ce que l'on appelle une demeure divine.
>
> Tiṭṭhaṁ caraṁ nisinno va,
> Sayāno yāvatāssa vigatamiddho;
> Etaṁ satiṁ adhiṭṭheyya,
> Brahmametaṁ vihāramidhamāhu.

Tiṭṭhaṁ : Debout
Caraṁ : En marchant
Nisinno : Assis
Va : Ou
Sayāno : Allongé
Yāvatāssa : Tant que
Vitamiddho : Sans somnolence
Etaṁ : Cela
Satiṁ : Conscience
Adhiṭṭheyya : Devrait être établi
Brahmametaṁ : Cette méditation bienveillante
Vihāramidhamāhu : Nous le proclamons

Verset 10

> Vertueux, sans s'attacher à l'opinion,
> Avec une vision parfaite,
> Maîtrisant l'avidité pour les plaisirs des sens,
> Une telle personne ne devrait jamais renaître dans le cycle de la souffrance.
>
> Diṭṭhiñca anupaggamma, Sīlavā
> Dassanena sampanno,
> Kāmesu vineyya gedhaṁ,
> Na hi jātuggabbhaseyya punaretī

Diṭṭhiñca : Le terme « diṭṭhiñca » en pali peut être décomposé en :

1. « Diṭṭhi » : Ce mot se réfère généralement à une « croyance » ou à une « vue » ou « perspectives et opinions ».
2. « Ñca »: Ce suffixe peut être utilisé pour ajouter de l'emphase, de la continuité ou de l'addition à la racine précédente.

Anupaggamma : Sans aller dans

Le terme « anupaggamma » peut être décomposé en parties pour mieux comprendre son sens.

1. « Anu »: Il s'agit d'un préfixe en pali qui signifie généralement « après », « suivant », « conformément à », « selon » ou « en accord avec ». Il indique une notion de suivi ou de séquence.

2. « Upa »: C'est aussi un préfixe qui peut signifier « vers », « auprès de », « proche de » ou « en présence de », « à proximité de », « se rapprochant de », ou « à côté de ». Dans certains contextes, cela peut également signifier « s'engager dans » ou « prendre part à ». Cela mettrait l'accent sur le concept de ne pas s'approcher ou ne pas se rapprocher de quelque chose, soulignant une distance ou un détachement.
3. « Gamma »: « Gam » vient du verbe « gacchati » qui signifie « aller » ou « mouvement ».

Nous avons préféré traduire par « sans s'attacher à l'opinion » plutôt que « sans aller dans l'opinion », qui est certes moins littéral mais rend l'expression plus facile, réaliste et conforme à l'enseignement du non-attachement aux pensées.

Sīlavā : vertueux, conduite vertueuse, d'après :

1. « Sīla »: Ce mot signifie « éthique », « vertu », « conduite morale ».
2. « Va »: Suffixe en pali qui peut être utilisé pour indiquer l'adhésion à un certain trait ou état. Il peut être traduit approximativement comme « possédant » ou « ayant ».

Dassanena : Vision. Le suffixe « ena » est la déclinaison au cas instrumental pour indiquer « par » ou « avec » ou « à travers ».

Sampanno : Accompli. « Sampanno » en pali signifie « accompli », « achevé » ou « excellent ». C'est un adjectif utilisé pour décrire quelqu'un qui a atteint un haut niveau de compétence, de réalisation ou de perfection dans un domaine particulier.

Le terme pali « Dassanena sampanno » peut être traduit en français comme « doté de vision » ou « complet en vision » ou « avec une vision parfaite ». Cette expression est souvent utilisée pour décrire une personne qui a atteint un certain niveau de sagesse, de compréhension ou d'éveil spirituel, et qui possède une vision claire des choses.

Kāmesu : Aux plaisirs sensoriels. Ce mot dérive du terme « kāma » qui signifie « plaisir sensuel » ou « désir sensoriel ». Le suffixe « su » indique le pluriel, donc « kāmesu » signifie « dans les plaisirs sensuels » ou « par rapport aux désirs sensuels ».

Vineyya : Étant détaché, vinaya : discipline. Aussi vineti: abandonner. On trouve aussi « Vinīyātabbaṃ » qui dérive du verbe « vinīyāti » qui signifie « se retenir », « se maîtriser » ou « se contrôler ». Le suffixe « abbaṃ » est utilisé pour indiquer que quelque chose « doit être » ou « devrait être ». Ainsi, « vinīyātabbaṃ » signifie « doit se retenir » ou « devrait se maîtriser ».

« Gedhā » en pali signifie « la faim » ou « la soif ». C'est un terme qui fait référence à l'état de désir ou de besoin de nourriture ou de boisson. Dans le contexte bouddhiste, la faim est souvent utilisée comme une métaphore pour représenter l'avidité, c'est-à-dire les désirs insatiables et avides et les fixations qui peuvent être à l'origine de la souffrance humaine.

Na : Ne

Hi : Certes

Jātuggabbhaseyya : Il ne devrait renaître. « Jātuggabbhaseyya » est une expression qui peut être décomposée comme suit :

1. « Jātu »: adverbe qui signifie « dans le passé » ou « autrefois ».
2. « Gabbha »: « utérus » ou « ventre », faisant référence à la période prénatale ou à la gestation.
3. « Seyya »: « coucher » ou « lit », faisant référence à une position allongée.

Ainsi, « Jātuggabbhaseyya » se traduirait approximativement par « couché dans le ventre autrefois » ou « couché dans l'utérus dans le passé ». Cette expression est souvent utilisée dans les contextes bouddhistes pour se référer à l'état antérieur à la naissance, c'est-à-dire la période dans l'utérus avant la naissance.

Le mot pali pour « utérus » est « gabbha »

« Puna »: adverbe qui signifie « encore », « de nouveau » ou « à nouveau ».

La phrase pali « Na hi jātu gabbhaseyyaṃ punaretī » pourrait être traduite littéralement par : « ‚Car il ne retrouve pas un utérus dans lequel il se soit couché (état de gestation prénatale) dans le passé. »

GLOSSAIRE
PALI DU TEXTE DE LA DIFFUSION DES QUATRE DEMEURES DIVINES

« Mettā-sahagatena cetasā ekaṃ disaṃ pharitvā viharati
tathā dutiyaṃ tathā tatiyaṃ tathā catutthaṃ
iti uddhamadho tiriyaṃ sabbadhi sabbattatāya sabbavantaṃ lokaṃ
mettā-sahagatena cetasā vipulena mahaggatena appamāṇena averena
abyāpajjhena pharitvā viharati »

1. « Mettā-sahagatena » :
   « Mettā » : amour bienveillant
   « sahagatena » : accompagné de
   Traduction : « accompagné d'amour bienveillant »
2. « cetasā » : avec le cœur
3. « ekaṃ » : un
4. « disaṃ » : direction
5. « pharitvā » : étendu, répandu
6. « viharati » : il demeure
7. « tathā » : de la même manière
8. « dutiyaṃ » : deuxième
9. « tatiyaṃ » : troisième
10. « catutthaṃ » : quatrième
    Traduction : « de la même manière, deuxième, troisième, quatrième »
11. « iti » : ainsi

12. « uddhamadho » : en haut et en bas
13. « tiriyaṃ » : horizontalement
14. « sabbadhi » : partout
15. « sabbattatāya » : en tout

    Le mot « atta » en pali signifie « soi » ou « soi-même ». Ainsi, dans le mot « sabbattatāya, » on peut reconnaître la présence de « atta, » qui contribue à la signification générale de l'expression. En considérant le contexte du passage, « sabbattatāya » peut être compris comme signifiant « en soi-même » ou « dans chaque être ». Le monastère d'Amaravati le traduit en anglais par « and to all as to myself ». Cela correspond bien à l'idée que Metta prend appui sur le sentiment qu'il n'y a rien de plus cher que nous-mêmes pour répandre le même amour aux autres de façon égalitaire et universelle.
16. « sabbavantaṃ » : tout
17. « lokaṃ » : le monde

    Traduction : « Ainsi, en haut et en bas, horizontalement et partout, en tout le monde »
18. « vipulena » : abondamment
19. « mahaggatena » : grand
20. « appamāṇena » : illimité
21. « averena » : sans hostilité
22. « abyāpajjhena » : sans haine

    Traduction : « abondamment, grand, illimité, sans haine, sans hostilité »
23. « pharitvā » : étendu
24. « viharati » : il demeure

    Traduction : « étendu, il demeure »

Comme le monastère d'Amaravati, nous avons choisi de remplacer « il demeure » par « je demeure » pour nous impliquer dedans et adapter le sutta relatif à ce que fait le moine en général quand il dirige son esprit de bienveillance.

Notre choix final de traduction du texte à la partie III.5.3 de ce livre est :

« Je demeure en diffusant l'esprit imprégné de bienveillance dans une direction, de même pour la deuxième, de même pour la troisième, de même pour la quatrième. Ainsi, j'enveloppe tout l'univers, vers le haut, vers le bas, horizontalement et partout, en tout le monde comme à moi-même, avec un esprit imprégné d'amour bienveillant, abondant, exalté, illimité, sans hostilité, sans haine. »

ABRÉVIATIONS ET INDEX DES CITATIONS DE SUTTAS

Abbréviations en référence au Canon pali, et plus spécifiquement le Sutta Pitaka (la corbeille de suttas) qui comprend les cinq sections de discours du Bouddha.

- AN : L'Anguttara Nikaya, les discours numériques (9 557 suttas);
- DN : Le Digha Nikaya, les longs discours, comportant 34 suttas ;
- MN : Le Majjhima Nikaya, les discours de longueur moyenne comportant 152 suttas ;
- SN : Le Samyutta Nikaya, les discours groupés par thèmes (7 762 suttas);
- KN : Le Khuddaka Nikāya, composé de quinze volumes comme
- Dhp : le Dhammapada,
- Sn : le Sutta Nipata (à ne pas confondre avec SN),
- Ud. : l'Udana.

A

D

M

P

S

U

V

Création graphique et mise en pages : Soft Office

Dépôt légal : octobre 2024 - N° imprimeur : 102479737
Imprimé en France par Présence Graphique - Monts